Q & A

不動産表示登記 1

新井 克美 著

発行 テイハン

は　し　が　き

　表示に関する登記は，明治期に実施された地租改正事業，全国地押調査事業等の成果を踏まえて調製された土地台帳及び昭和初期に調製された家屋台帳を，昭和25年に税務署から引き継ぎ，昭和35年に発足した。昭和35年前の登記は，権利に関する登記として，申請主義に基づいて運用されてきた。そして，登記簿の表題部に関する登記は，いわば所有権に関する登記の一部として，申請に基づき，台帳謄本に依拠して行われてきた。このため，職権主義に基づく台帳と比べると，登記簿の表題部に関する登記は正確性に欠け，このことが，不動産登記制度の大きな問題と認識されていた。

　昭和25年，シャウプ勧告に基づく税制改革によって，地租及び家屋税が廃止されたことから台帳事務が税務署から登記所に移管された。移管後の登記所では台帳や地図で，書庫が狭隘となった。登記所では，昭和26年から登記簿のバインダー化作業を実施し，昭和35年から登記簿と台帳の統合一元化を実施し，表示に関する登記が発足した。しかし，発足当初は，明治20年以来書面審査を行ってきた登記所の職員にとって，測量や実地調査を伴う事務は，経験がなく，手探り状態での処理であった。また，表示に関する登記理論の構築が喫緊の課題であった。

　このような状況の中で枇杷田泰助・吉野衛監修として発刊された「不動産表示登記入門」は，表示に関する登記の解説書として，極めて有意義なものであった。その後，同書は，オンライン登記申請手続導入等のため不動産登記法等の全面改正が行われた

ことを踏まえて，平成20年に「全訂不動産表示登記入門」として
全面改訂された。

　台帳移管から68年，表示に関する登記創設から58年，そして，
全国すべての登記所でコンピュータ処理が開始されて10年が経過
した今日，登記所では，かつてのように書庫から登記簿等を搬出
入することなく，机上のパソコンから，磁気ディスクによって調
製された登記情報に基づき，コンピュータによって処理がされて
いる。また，測量の方法や地図の作製方法，地図の手入れも，コ
ンピュータによって処理がされている。しかし，登記記録に記録
されている地積情報やコンピュータから出力された地図情報の多
くは，明治期の測量の成果に基づくものである。

　土地は，有史以前から存在し，そして，今後も存続し，社会経
済の基礎となるものである。登記記録に記録された不動産に関す
る物理的情報及び権利関係情報は，不動産取引はもとより，各種
行政データの基盤となるものである。したがって，土地の表示に
関する登記事務に携わる者は，土地の登記記録に記録されている
データの沿革や地図データの作成経過等を理解することは極めて
重要ということができる。

　このようなことから，平成28年２月以降，登記研究に，「Ｑ＆
Ａ不動産表示登記」と題する連載を掲載している。この連載は，
「全訂不動産表示登記入門」を基礎としつつ，地租改正事業の内
容，旧登記法及び不動産登記法の制定，土地台帳の調製，台帳事
務の登記所への移管，登記簿のバインダー化，登記簿・台帳の一
元化等の経緯等を追加したものである。

　本書は，この連載の内，平成28年12月号（826号）掲載までの
内容を加除修正し，単行本としたものであり，今後も逐次発刊す

る予定である。

　本書は，表示に関する登記の基礎的な理論上の問題点はもとより実務上生起する重要な問題点を取り上げ，初学者に分かりやすく，しかも実務家にも役立つように，できる限り根拠条文を掲げ，裁判例，登記先例を引用するとともに，具体的資料を掲載するように心掛けた。

　本書が，登記実務に携わる方々，そして表示に関する登記を勉強する方々にとって，いささかでも参考になれば，望外の幸せである。

　最後に，本書の発刊に当たり，編集等にご協力いただいたテイハンの方々に対し，衷心より感謝申し上げる。

　平成30年11月

　　　　　　　　　　　　　　　　　　新　井　克　美

凡　　例

　本書における法令の略記は次のとおりである。

不登法　　　　不動産登記法（平成16年法律第123号）

不登令　　　　不動産登記令（平成16年政令第379号）

不登規則　　　不動産登記規則（平成17年法務省令第18号）

不登準則　　　不動産登記事務取扱手続準則（平成17年2月25日法務省民二
　　　　　　　　第456号民事局長通達）

登記記録例集　不動産登記記録例集（平成28年6月8日民二第386号民事局
　　　　　　　　長通達）

区分所有法　　建物の区分所有等に関する法律（昭和37年法律第69号）

登免税法　　　登録免許税法（昭和42年法律第35号）

旧不登法・旧不動産登記法
　　　　　　　　不動産登記法（明治32年法律第24号）

旧不登細則・旧不動産登記法施行細則
　　　　　　　　不動産登記法施行細則（明治32年司法省令第11号）

旧不登準則・旧不動産登記事務取扱手続準則
　　　　　　　　不動産登記事務取扱手続準則（昭和52年法務省民三第4473号
　　　　　　　　通達）

目　　次

第一章　総　　説 ……………………………………………… 1

第一節　総　　論 …………………………………………… 1

Q 1　表示に関する登記とは何か。 ……………………………… 1
Q 2　表示に関する登記にはどのような種類があるか。 ……… 3
Q 3　報告的登記にはどのようなものがあるか。 ……………… 4
Q 4　形成的登記にはどのようなものがあるか。 ……………… 8
Q 5　登記の対象となる土地とは何か。 ………………………16
Q 6　登記の対象となる建物とは何か。 ………………………19
Q 7　表示に関する登記における職権主義とはどういうことか。 …………23
Q 8　実地調査はどのような場合にするのか。 ………………25
Q 9　表示に関する登記に対抗力が認められるか。 …………29

第二節　表示登記の沿革 ……………………………………32

Q10　地券制度とはどのようなものか。 ……………………32
Q11　地租改正事業とはどういうものか。 …………………35
Q12　全国地押調査事業とはどういうものか。 ……………44
Q13　公証制度とはどのようなものか。 ……………………47
Q14　不動産登記法の沿革はどのようなものか。 …………50
Q15　土地台帳とはどういうものか。 ………………………56
Q16　市町村の土地台帳の写しとはどういうものか。 ……65
Q17　家屋台帳とはどういうものか。 ………………………68
Q18　旧表題部とは何か。 ……………………………………74
Q19　自作農創設特別措置登記令による登記の特例とは何か。 …………80
Q20　大福帳式登記簿とはどのようなものか。 ……………98
Q21　登記番号とは何か。 …………………………………120
Q22　登記見出帳とは何か。 ………………………………123
Q23　登記簿のバインダー化とは何か。 …………………131
Q24　登記簿・台帳の一元化とは何か。 …………………136

1

第三節　登記所及び登記官 ……………………………………………149

Q25　登記所とは何か。……………………………………………149

Q26　登記所の管轄とは何か。……………………………………150

Q27　管轄の指定とは何か。………………………………………154

Q28　登記事務の委任とは何か。…………………………………156

Q29　管轄転属とは何か。…………………………………………157

Q30　登記事務の停止とは何か。…………………………………160

Q31　登記官とは何か。……………………………………………161

Q32　登記官の除斥とは何か。……………………………………162

第四節　登記記録等 ………………………………………………164

Q33　登記記録とは何か。…………………………………………164

Q34　副登記記録とは何か。………………………………………165

Q35　登記簿とは何か。……………………………………………166

Q36　閉鎖登記簿とは何か。………………………………………169

Q37　一不動産一登記記録の原則とはどういうことか。………171

Q38　二重登記とは何か。…………………………………………174

Q39　二重登記はどのようにして解消するのか。………………177

Q40　登記記録はどのような編成になっているか。……………179

Q41　登記記録の閉鎖とは何か。…………………………………186

Q42　情報公開法は，登記簿等に適用があるのか。……………188

Q43　行政機関個人情報保護法は，登記簿等に適用があるのか。………189

第五節　登記事項の証明等 ………………………………………191

Q44　登記事項証明書とはどのようなものか。…………………191

Q45　登記事項要約書とはどのようなものか。…………………198

Q46　登記簿の附属書類の公開制度にはどのようなものがあるか。………200

Q47　登記簿の附属書類（土地所在図等の図面を除く。）の写しの交
　　付又は閲覧は誰でも請求することができるのか。………………202

Q48　コンピュータ化されていない登記簿の謄本等の交付はどのよう
　　に請求するのか。………………………………………………204

Q49　閉鎖登記簿について謄抄本の交付又は閲覧の請求をすることが
　　できるか。………………………………………………………208

2

目　　次

Q50　旧土地台帳について写しの交付又は閲覧の請求をすることがで
　　　きるか。……………………………………………………………210
Q51　登記情報提供サービスとは何か。……………………………………211
Q52　登記情報交換サービスとは何か。……………………………………215

資料編
　　登記簿，台帳一元化完了期日一覧表 ……………………………………220
　　（この資料は開始ページが264ページ，終了ページが220ページの
　　　逆開きとなります。）
索引
　　判例年月日索引 ………………………………………………………………266
　　先例年月日索引 ………………………………………………………………268

第一章　総　説

第一節　総　論

Q 1　表示に関する登記とは何か。

A　表示に関する登記は，権利の客体である不動産の物理的状況を明らかにし，当該不動産を特定するため，土地又は建物の登記記録の表題部にされる登記であり，権利に関する登記の前提となるものである。

解 説

　a　不動産登記制度は，不動産の表示及び不動産に関する権利を公簿に記録して公示することによって，国民の権利の保全を図り，もって不動産取引の安全と円滑に資するためのものである（不登法1条）。そこで，不動産登記法は，権利の客体である不動産の物理的状況を公示するため，権利に関する登記（不登法2条4号）の制度とは別個・独立に，表示に関する登記（同条3号）の制度を設けている。

　b　民法は，「不動産に関する物権の得喪及び変更は，不動産登記法（平成16年法律第123号）その他の登記に関する法律の定めるところに従いその登記をしなければ，第三者に対抗することができない」（177条）と定めているほか，不動産先取特権の保存の登記（337条〜340条），抵当権の順位の変更の登記（374条），不動産の賃貸借の登記（605条）等について規定し，不動産に関する物権変動の効力を第三者に対抗するため，あるいは不動産に関する権利の効力を生ずるためには，登記を要する旨を定めている。これら民法の規定に基づく登記が「権利に関する登記」である。

　しかし，所有権等権利に関する登記がされたとしても，これら登記された権利の目的となっている不動産が，どこに所在し，どのようなものであるかが登記記録（不登法2条5号）の上で明らかでなければ不動産に関する登記としての公示機能は十分とはいえない。

第一章　総　説

そこで，不動産登記法は，土地にあってはその所在，地番，地目及び地積
等を，また，建物にあってはその所在，家屋番号，種類，構造及び床面積等
をそれぞれ登記事項（同法2条6号）とするとともに，地図（同法14条1
項）又は地図に準ずる図面（同条4項）備え付けるほか，申請情報（同法18
条柱書き）に併せて提供された土地所在図（不登令2条2号），地積測量図
（同条3号），建物図面（同条5号）及び各階平面図（同条6号）等を保存
する（不登規則28条13号）こととしている。これが「表示に関する登記」で
ある。

　c　表示に関する登記には，土地の表題登記（不登法2条20号，36条），
地目の変更の登記（同法2条18号，37条）若しくは土地の滅失の登記（同法
42条）又は建物の表題登記（同法47条），建物の床面積の変更の登記（同法
51条）若しくは建物の滅失の登記（同法57条）のように，土地又は建物の物
理的な形状，位置及びこれらの変化又は滅失を内容とする「報告的な登記」
と，分筆の登記若しくは合筆の登記（同法39条）又は建物の分割の登記，建
物の区分の登記若しくは建物の合併の登記（同法54条）等のように，土地又
は建物の物理的状態の変化を伴わず，登記記録上一個とされている土地又は
建物の範囲や個数を変更する処分を内容とする「形成的な登記」とがある。

　登記は，当事者の申請に基づいてするのが原則である（不登法16条）。し
かし，報告的な登記については，表題部所有者（不登法2条10号）又は所有
権の登記名義人（同条11号）に対して，申請義務を課し，また，登記官が職
権でもすることができる（同法28条）。これに対して，創設的登記について
は，原則として表題部所有者又は所有権の登記名義人のみが申請することが
できる（不登法39条1項，54条1項）。

　d　表示に関する登記は，登記記録の表題部（不登法2条7号）にされる
登記である。

　表題部には，不動産の所在や物理的状況のほか，所有権の登記がない不動
産については所有者の氏名又は名称及び住所並びに所有者が2名以上の場合
はその持分が記録される（不登法27条3号）。この登記記録の表題部に記録
されている者を「表題部所有者」という。

　表題部所有者は，所有権の保存の登記申請の適格者であることを明らかに
する（不登法74条1項1号）ほか，区分建物（同法2条22号）については原

第一節　総　　論

始取得者として転得者に対し当該建物を直接に譲渡したものであることを証明する権限を有する者であることを明らかにするものであり（同法74条2項），原則として対抗要件としての意味を有しない。

　　e　建物が区分建物であるときは，区分所有者（区分所有法2条2項）は，原則としてその有する専有部分（同条3項）とそれを所有するための建物の敷地に関する権利（敷地利用権。同条6項）とを分離して処分することができない（同法22条1項）。このため，この分離して処分することができない敷地権（不登法44条1項9号）については，表示に関する登記として，登記記録の表題部中「敷地権の表示欄」に登記される（不登法44条1項9号，不登規則4条3項，同規則別表3）。

　　また，共用部分である旨の登記（区分所有法4条2項，不登法27条3号）又は団地共用部分である旨の登記（区分所有法67条1項，不登法27条3号）も，表示に関する登記として，登記記録の表題部中「原因及びその日付欄」に登記される（不登法58条，不登規則4条3項，同規則別表3）。

　　f　河川区域内（河川法6条1項）又は高規格堤防特別区域内（同条2項），樹林帯区域内（同条3項），特定樹林帯区域内（同条4項）若しくは河川立体区域内（同条5項）の土地である旨の登記も，表示に関する登記として，登記記録の表題部中「原因及びその日付欄」に登記される（不登法43条1項，不登規則4条1項，同規則別表1）。

Q 2　表示に関する登記にはどのような種類があるか。

A　表示に関する登記は，報告的登記と形成的登記とに大別される。前者には①土地・建物の表題登記，②土地・建物の表題部の変更の登記，③土地・建物の表題部の更正の登記，④土地・建物の滅失の登記，⑤建物の合体による登記等が，また，後者には⑥分筆・合筆の登記，⑦建物の分割・区分・合併の登記がある。

解説

　a　表示に関する登記（不登法2条3号）とは，登記記録（同条5号）の

3

第一章　総　　説

表題部（同条７号）にされる登記を総称するものであるが，これを機能的に分類すると，①報告的登記と②形成的登記がある。

　　b　報告的登記は，土地又は建物の物理的状況又はその変化に応じてする登記である。これら登記は，一定の者に，１月以内に申請すべき義務が課せられている（土地につき不登法36条，37条，42条，建物につき同法47条１項，49条１項，51条１項・２項，57条）。一方，登記官は，これらの登記を職権ですることができる（不登法28条）。

　　c　形成的登記は，不動産の物理的状況の変化とは関係なくされる登記で，これらの登記をすることにより登記上不動産の個数の変更の効果が生ずる形成的処分の登記である。これら登記をするかどうかは，原則として当該不動産の表題部所有者（不登法２条10号）又は所有権の登記名義人（同条11号）の意思による。登記官は，原則として職権でこれらの登記をすることはできない。

　　d　土地及び建物の報告的登記及び形成的登記は，別表のとおりである。

	土　　　　　　地	建　　　　　　物
報告的登記	表題登記（不登法36条）	表題登記（不登法47条）
	表題部の変更の登記（不登法37条等）	表題部の変更の登記（不登法51条等）
	表題部の更正の登記（不登法38条等）	表題部の更正の登記（不登法53条等）
	滅失の登記（不登法42条）	滅失の登記（不登法57条）
		建物の合体による登記等（不登法49条）
形成的登記	分筆の登記（不登法39条）	建物の分割の登記（不登法54条）
	合筆の登記（不登法39条）	建物の区分の登記（不登法54条）
		建物の合併の登記（不登法54条）

Q　3　報告的登記にはどのようなものがあるか。

A　報告的登記には，①土地・建物の表題登記，②土地・建物の表題部の変更の登記，③土地・建物の表題部の更正の登記，④土地・建

第一節　総　　論

物の滅失の登記，⑤建物の合体による登記等がある。

田解説

(1) 土地・建物の表題登記

　a　表題登記とは，土地又は建物について，登記記録（不登法2条5号）の表題部（同条7号）に最初にする登記である（同条20号，土地につき同法36条，建物につき同法47条）。

　b　土地の表題登記は，土地の物理的状況を明らかにする事項として，所在，地番（不登法2条17号，35条），地目（同法2条18号）及び地積（同条19号）を登記する（同法34条1項）。このほか，所有権の登記がない土地については所有者の氏名又は名称及び住所並びに所有者が2名以上の場合はその持分を登記する（不登法27条3号）。

　c　建物の表題登記は，建物の物理的状況を明らかにする事項として，所在及び地番，家屋番号（不登法2条21号，45条），種類，構造及び床面積等を登記する（同法44条1項1号ないし8号）。このほか，所有権の登記がない建物については，所有者の氏名又は名称及び住所並びに所有者が2名以上の場合はその持分を登記する（不登法27条3号）。また，建物が区分建物（不登法2条22号）である場合において，区分建物とそれを所有するための建物の敷地に関する権利（敷地利用権）で分離して処分できないもの（敷地権）があるときは，その権利を登記する（同法44条1項9号）。

(2) 土地・建物の表題部の変更の登記

　a　表題部の変更の登記は，土地又は建物の表題登記後，その登記された土地又は建物の表示に関する登記の登記事項（不登法2条6号）に，後発的に変化が生じたため，土地又は建物の現況と登記記録の内容との間に不一致が生じた場合に，この不一致を解消するためにする登記をいう（同条15号）。

　表題部の変更の登記には，土地又は建物自体に物理的変化が生じたことによる場合と，土地又は建物自体に物理的変化が生じたわけではなく，一筆の土地又は一個の建物の同一性を識別するための登記事項に変化が生じたことによる場合とがある。

　b　前者の事例としては，土地にあっては地目又は地積の変更による表題部の変更の登記（不登法37条）が，また，建物にあっては所在，種類，構造又は床面積の変更による表題部の登記等がある（同法51条）。

第一章　総　　説

c　後者の事例としては，①区分建物の表題登記後に敷地権が生じた場合（敷地権が追加的に生じた場合を含む。），区分建物につき敷地権としてその表示を登記した権利が敷地権でない権利となった場合，又はその権利が消滅した場合による表題部の変更の登記（不登法51条），②地番（同法35条，不登規則97条，不登準則67条）又は家屋番号（不登法45条，不登規則112条，不登準則79条）の変更による表題部の変更の登記，③表題部所有者（不登法2条10号）の氏名若しくは名称又は住所の変更の登記（同法31条）がある。

d　なお，行政区画若しくは字又はこれらの名称の変更があった場合は，登記記録に記録されたこれら行政区画若しくは字又はこれらの名称について変更の登記があったものとみなされている（不登規則92条1項）。そして，登記官は，これらの場合には，速やかに，表題部に記録した行政区画若しくは字又はこれらの名称について変更をしなければならない（不登規則92条2項）。

e　売買等によって表題部所有者又はその持分に変更があった場合は，所有権に関する登記手続によらなければならない（不登法32条）。

(3)　土地・建物の表題部の更正の登記

a　表題部の更正の登記は，土地又は建物の表示に関する登記の登記事項に，登記の当初から錯誤又は遺漏があったため，登記記録上の記録内容と実体関係との間に原始的な不符合がある場合に，この両者を一致させて，登記記録の内容を正しいものにするためにする登記をいう（不登法2条16号）。

b　表題部の更正の登記には，土地又は建物の表示に関する登記の登記事項の更正の登記（土地につき不登法38条，建物につき同法53条）のほか，表題部所有者の氏名若しくは名称又は住所の更正の登記（同法31条）及び表題部所有者又はその持分の更正の登記（同法32条）がある。

(4)　土地・建物の滅失の登記

a　土地又は建物の滅失の登記は，土地が海没した場合あるいは建物が焼失した場合等のように，土地又は建物が物理的に滅失した場合にする登記をいう（土地につき不登法42条，建物につき同法57条）。

b　土地又は建物が滅失した場合は，登記官は，滅失した土地又は建物の登記記録の表題部の登記事項に抹消する記号を記録し，当該登記記録を閉鎖する（不登規則8条，土地につき同規則109条，建物につき同規則144条1

第一節　総　　論

項）。

　c　当初から実在しない土地又は建物について誤って表題登記がされている場合，あるいは同一の土地又は建物について二重に登記がされて一方の登記が無効とされる場合など，原始的に無効な表題登記についても，滅失の登記手続に準じて，当該登記記録を閉鎖する（建物が不存在の場合につき登記記録例集180（不存在の場合）を，また，建物の二重登記の場合につき同記録例集181（重複登記の一方を抹消する場合）を参照）。

(5)　建物の合体による登記等

　a　二個以上の建物が合体して一個の建物となった場合は，表題部所有者又は所有権の登記名義人（不登法2条11号）等は，合体後の建物について建物の表題登記を，合体前の各建物について建物の表題登記の抹消を申請しなければならない（同法49条）。これら登記を「合体による登記等」という（不登法49条1項）。具体的には，建物のえい行移転又は増築工事により2棟の独立した建物を物理的に接合し，その間の隔壁を除去してこれらを一棟の建物とした場合，あるいは区分建物において，相接する専有部分の間の隔壁を除去することによりこれらを一個の区分建物とした場合である。

　b　従来，登記した数個の建物が合体した場合の登記手続について明文の規定がなかったため，合体前の建物については建物の滅失の場合に準じた登記をし，合体後の建物については新築の場合と同様に，一棟の建物は「合棟」，区分建物は「合体」を登記原因として，表示登記をすることとされていた（昭和39年3月6日民事甲第557号民事局長回答，同38年9月28日民事甲第2658号民事局長通達）。

　その後，平成5年法律第22号による不動産登記法の改正により，建物の合体に関する登記手続が整備され，同一の申請書をもって，合体による建物の表示登記及び合体前の建物の表示登記の抹消を申請しなければならないこと，この場合，合体前の建物に抵当権設定等の登記があるときは申請書に抵当権者等の承諾書を添付すべきこととされた（旧不登法93条ノ12ノ2）。

　そして，現在においては，不動産登記法第49条及び第50条並びに不動産登記令別表第13項添付情報欄トにおいて，これと同趣旨の規定が設けられている。

第一章　総　説

Q 4　形成的登記にはどのようなものがあるか。

A　形成的登記には，土地にあっては分筆の登記及び合筆の登記が，また，建物にあっては建物の分割の登記，建物の区分及び建物の合併の登記がある。

解説
(1)　分筆・合筆の登記

a　分筆の登記（不登法39条，不登規則101条）及び合筆の登記（不登法39条，不登規則106条）は，いずれも土地の物理的形状とは関係なく，登記記録（不登法2条5号）上における土地の個数を変更するためにするものである。分筆の登記又は合筆の登記によって，法律上土地の個数変更という効果が生ずることから，「形成的な登記」といわれている。

b　「分筆の登記」とは，一筆の土地を分けて数筆の土地とする登記をいう（【図1】）。甲地を分筆してその一部を乙地とする場合における分筆の登記は，甲地の登記記録については地積を減少する登記をし（不登規則101条2項），その減少する分を乙地という別筆の土地として新たな登記記録を開設する（同条1号）。

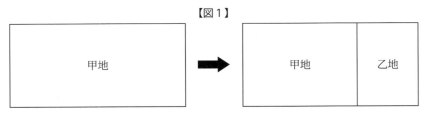

【図1】

c　「合筆の登記」とは，数筆の土地を合わせて一筆の土地にする登記をいう（【図2】）。甲地を乙地に合筆する場合における合筆の登記は，乙地の登記記録については地積を増加する登記をし（不登規則106条1項），甲地の登記記録については乙地に合筆した旨及び表題部の登記事項を抹消する記号を記録し，当該登記記録は閉鎖される（同条2号）。

第一節　総　論

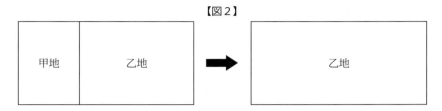
【図2】

(2) 分合筆の登記

　a 「分合筆の登記」とは，甲地の一部を分筆して，当該分筆した土地部分を乙地に合筆する場合において，分筆の登記及び合筆の登記を同時にする登記である（不登規則108条）（【図3】）。

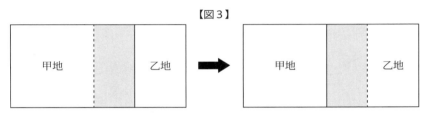
【図3】

　b 分筆の登記と合筆の登記は，登記の目的を異にするから，本来は，各別の申請情報（不登法18条柱書き）によって申請しなければならないのである（不登令4条本文）が，申請人の負担の軽減と登記所の事務処理の煩雑を避けるため，同一の申請情報によって申請することが認められている（同条ただし書，不登規則35条1号）。

(3) 建物の分割・区分・合併の登記

　a 建物の分割の登記（不登法54条1項1号），建物の区分の登記（同項2号）及び建物の合併の登記（同項3号）は，いずれも建物の物理的形状とは関係なく，登記記録上における建物の個数を変更するためにするものである。これらの登記によって，法律上建物の個数変更という効果が生ずることから，「形成的な登記」といわれている。

　b 「建物の分割の登記」とは，表題登記のある甲建物の附属建物（不登法2条23号）として登記された建物（物理的には別個の建物で，本来別個の建物として独立して登記することができる建物）を，登記記録上いわば分籍して，甲建物とは別個・独立した乙建物とする登記をいう。

9

第一章 総　説

　建物の分割の登記は，分割前の建物の種類に応じて次ように分類することができる。
①　主である建物と附属建物とは，いずれも独立した非区分建物である場合（【図4−1】）
②　主である建物と附属建物とは，いずれも区分建物（不登法2条22号）で，それぞれ一棟の建物が別棟である場合（【図4−2】）
③　主である建物と附属建物とは，いずれも区分建物で，同一の一棟の建物に属している場合（【図4−3】）

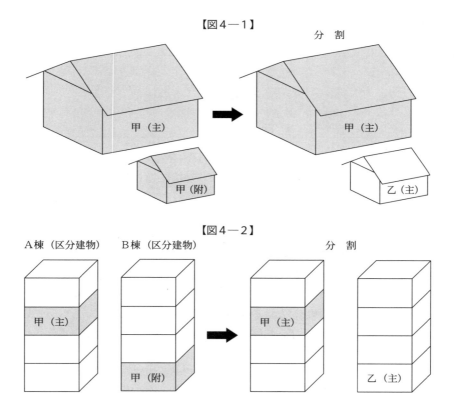

第一節　総　論

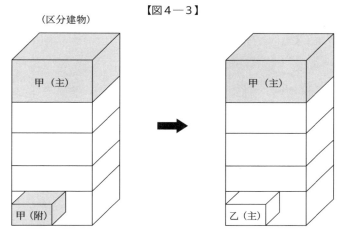

c 「建物の区分の登記」とは，物理的には一個で，登記記録上も一個の建物として表題登記がされている場合に，その建物の一部分（当該部分自体は，区分所有権の客体となり得る要件を満たしていることが必要である。）を登記記録上区分して，これを別個・独立した区分建物とする登記をいう。

建物の区分の登記は，区分前の建物の種類に応じて次のように分類することができる。

① 非区分建物として登記されている建物を甲建物と乙建物に区分する場合（【図5－1】）
② 区分建物として登記されている甲建物を甲建物と丙建物に区分する場合（【図5－2】）

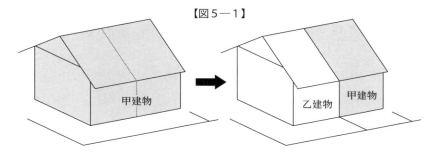

第一章　総　説

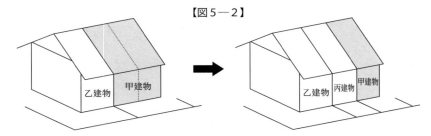

【図5―2】

　d 「建物の合併の登記」とは，一棟の建物に属する甲区分建物と乙区分建物とを合併する登記，又は甲建物を乙建物の附属建物とする登記をいう。
　建物の合併の登記には，合併前の建物の種類に応じて次ように分類することができる。
① 甲建物と乙建物とがいずれも一棟の建物に属する区分建物であり，甲建物を乙建物に合併することによって非区分建物となる場合（【図6―1】）
② 甲建物と乙建物とがいずれも一棟の建物に属する区分建物であり，甲建物を乙建物に合併した後も区分建物である場合（【図6―2】）
③ 甲建物と乙建物の附属建物とがいずれも一棟の建物に属する区分建物であり，甲建物を乙建物の附属建物に合併して，合併後の建物全部を乙建物の附属建物とする場合（【図6―3】）
④ 甲建物（区分建物）を乙建物（非区分建物）の附属建物する場合（【図6―4】）
⑤ 甲建物（区分建物）を同じ一棟の建物に属する乙建物（区分建物）の附属建物とする場合（【図6―5】）
⑥ 甲建物（非区分建物）を乙建物（非区分建物）の附属建物する場合（【図6―6】）

第一節 総 論

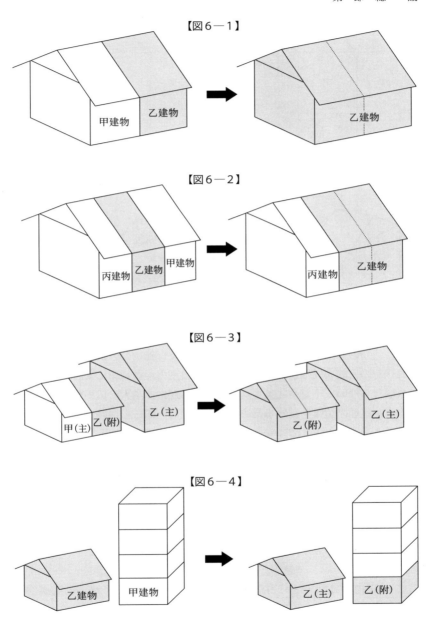

第一章 総　説

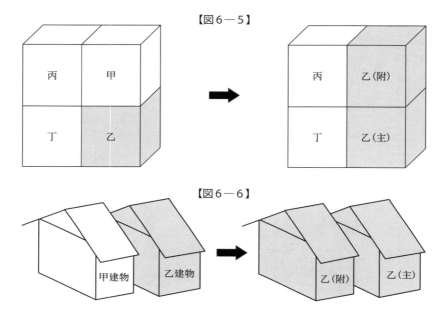

(4) 建物の分割・附属合併の登記等

　a　建物の分割の登記，建物の区分の登記及び建物の合併の登記は，それぞれ登記の目的を異にするから，本来は，各別の申請情報によって申請しなければならない（不登令4条本文）のであるが，申請人の負担の軽減と登記所の事務処理の煩雑を避けるため，次の登記は，同一の申請情報によって申請することが認められている（同条ただし書，不登規則35条2号ないし5号）。

　b　「建物の分割・附属合併の登記」とは，甲建物から甲建物の附属建物を分割する登記と，この分割した建物を乙建物の附属建物とする登記を，同時にする登記である（不登規則135条。【図7－1】）。これは，建物の分割の登記及び建物の合併の登記を同時にする登記あるが，同一の申請情報によって申請することが認められている（不登令4条ただし書，不登規則35条2号）。

　c　「建物の分割・区分合併の登記」は，甲建物から甲建物の附属建物（区分建物に限る。）を分割して，これを乙建物（【図7－2】）又は乙建物

第一節　総　論

の附属建物(【図７－３】)とする登記を同時にする登記である(不登規則136条)。これは，建物の分割の登記及び建物の合併の登記を同時にする登記あるが，同一の申請情報によって申請することが認められているものである(不登令４条ただし書，不登規則35条３号)。

　　d　「建物の区分・附属合併の登記」とは，甲建物を区分する登記とその区分した部分を乙建物の附属建物とする登記とを同時にする登記である(不登規則137条。【図７－４】)。これは，建物の区分の登記と建物の合併の登記を同時にする登記あるが，同一の申請情報によって申請することが認められている(不登令４条ただし書，不登規則35条４号)。

　　e　「建物の区分・区分合併の登記」とは，甲建物を区分する登記とその区分した部分を乙建物【図７－５】)又は乙建物の附属建物【図７－６】)に合併する(乙建物又は乙建物の附属建物が当該一部と接続している区分建物に限る。)登記を同時にする登記である(不登規則138条)。これは，建物の区分の登記と建物の合併の登記を同時にする登記あるが，同一の申請情報によって申請することが認められている(不登令４条ただし書，不登規則35条５号)。

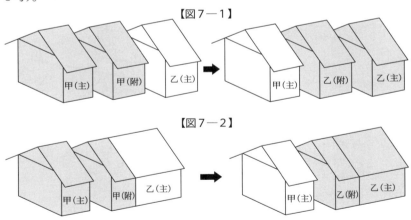

第一章 総　説

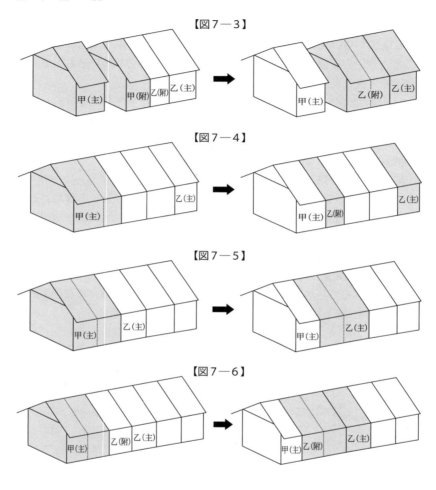

【図7―3】

【図7―4】

【図7―5】

【図7―6】

Q 5　登記の対象となる土地とは何か。

A　我が国領土内の陸地部分の土地は，原則として不動産登記の対象となる。

第一節　総　　論

⊞ **解説**

⑴　登記能力を有する土地

　a　不動産登記制度は，不動産の表示及び不動産に関する権利を公簿（登記記録）に記録して公示することによって，国民の権利の保全を図り，もって不動産取引の安全と円滑に資するためのものである（不登法1条）から，登記の対象となる土地，すなわち不動産登記法における登記能力を有する土地は，私法上の所有権の客体となる土地でなければならない。

　そして，私法上の所有権の客体となる土地は，人が社会生活において独占的・排他的に支配し利用することができるものであることを要するから，日本領土内の陸地部分の土地が登記能力を有する土地ということができる。

　b　陸地部分の土地のうち，河川，池沼，ため池のように表面が水によって覆われている土地であっても，一般的には私権の客体となり得る。このことは，不動産登記規則第99条において，池沼，用悪水路，ため池，井溝等の地目が認められていることからも明らかである。

　c　これに対して，海面下の土地は，古来より，自然の状態のままで一般公衆の共同使用に供されてきた公共用物であって，国の直接の公法的支配管理に属し，特定人による排他的支配の許されないものであるから，そのままの状態においては，所有権の客体たる土地に当たらない（最高裁判所昭和61年12月16日判決─最高裁判所民事判例集40巻7号1236ページ。同旨，釜山地方法院大正3年12月3日判決─法律新聞988号24ページ，大審院大正4年12月28日判決─大審院民事判決録12輯2274ページ）。

　ただし，海面下の土地であっても，およそ人の支配の及ばない深海を除き，国が行政行為などによって一定範囲を区画し，他の海面から区別してこれに対する排他的支配を可能にした上で，その公用を廃止して私人の所有に帰属させる措置を採れば，所有権の目的となり得る（前掲最高裁判所判決）。

⑵　陸地と海面との境界

　a　陸地と海面との境界については，登記実務上は，「潮の干満の差のある水面にあっては春分・秋分における満潮位を標準にして定めるべきもの」としている（昭和31年11月10日民事甲第2612号民事局長事務代理回答，昭和33年4月11日民事三発第203号民事局第三課長事務代理通知，昭和34年6月26日民事甲第1287号民事局長通達）。

第一章　総　　説

　b　これに対し，前掲最高裁判所判決は，「社会通念上，海水の表面が最高高潮面に達した時の水際線をもって海と陸地とが区別されている」と判示している。

　c　もっとも，海面下に没する土地であっても海面下に没するに至った経緯が天災等によるものであり，かつ，その状態が一時的なものである場合は，私人の所有権は消滅しない（昭和36年11月9日民事甲第2801号民事局長回答）。

　⑶　寄洲

　a　海岸等に砂が堆積して寄洲を生じた場合の登記手続について，「寄洲はその付合した土地の一部である」とする先例（昭和36年6月6日民事三発第459号民事局第三課長電報回答）を根拠に，地積の変更の登記（不登法37条）によるべきであるとする説がある。しかしこの先例は，家屋台帳の登録手続に関し，寄洲上に建築された建物の所在について判断したものであるから，土地の所有権の帰属に関する先例としては疑義がある。

　b　これに対し，本来一筆の土地の境界は客観的に定まっているものである（最高裁判所昭和31年12月28日判決—最高裁判所民事判例集10巻12号1639ページ等）から，新たに土地が生じたものとして土地の表題登記（不登法36条）によるべきであるとする説がある。

　そして，この場合，寄洲の所有権について，民法第242条の規定により海岸の所有者が寄洲の所有権を取得するとする説と，国の所有に属するとする説（大審院明治37年7月8日判決—大審院民事判決録10輯1066ページ，山口地方裁判所下関支部昭和60年11月18日判決—判例地方自治30号65ページ）がある。

　c　海面下の土地は，一般的に，公共用物であって国の直接の公法的支配管理に属するものであるから，自然現象によって生じた寄洲の所有権は国に帰属し，民法第242条の規定による付合は適用されないと解される。

　⑷　公有水面の埋立て

　a　「公有水面」とは，「河，海，湖，沼其ノ他ノ公共ノ用ニ供スル水流又ハ水面ニシテ国ノ所有ニ属スルモノ」をいう（公有水面埋立法1条1項）。

　b　公有水面であっても，埋立ての免許（公有水面埋立法2条）を受けた者が，公有水面を埋め立て，この竣功認可を受ければ，その竣功認可の告示

第一節　総　　論

の日から埋立地の所有権を原始的に取得する（同法24条）。

　c　公有水面が無願埋立てされて事実上陸地化した場合，公有水面埋立法
による竣功認可の手続によらない限り，原則として私人の所有権は認められ
ない（那覇地方裁判所昭和50年7月9日判決―訟務月報21巻10号2010ペー
ジ）。また，公有水面の埋立免許を受けないで埋立工事を行って埋立地を造
成した者は，その埋立地の占有を継続したとしてもその所有権を時効取得す
る余地はない（那覇地方裁判所昭和55年1月22日判決―訟務月報26巻3号
456ページ）。

　d　しかし，公有水面埋立法に基づく埋立免許を受けて埋立工事が完成し
た後，竣功認可がされていない埋立地であっても，長年にわたりその埋立地
が事実上公の目的に使用されることもなく放置され，公共用財産としての形
態，機能を完全に喪失し，その上に他人の平穏かつ公然の占有が継続した
が，そのため実際上公の目的が害されるようなこともなく，これを公共財産
として維持すべき理由がなくなり，同法に基づく原状回復義務の対象となら
なくなった場合には，土地として私法上所有権の客体となる（最高裁判所平
成17年12月16日判決―最高裁判所民事判例集59巻10号2931ページ）。

　(5)　河川敷地
　a　河川法の適用又は準用のある河川の敷地は，原則として私権の対象と
なり，登記能力を有する（不登法43条1項ないし4項参照）。
　b　しかし，常時継続して河川の流水下にあって私人の支配可能性が存在
しない状況にある土地は，私権の対象とはなり得ない（河川法2条2項，不
登法43条5項・6項）。

Q 6　登記の対象となる建物とは何か。

A　登記の対象となる「建物」であるか否かは，社会通念によって判
定されるが，登記実務においては，①屋根及び周壁又はこれに類す
るものを有し，②土地に定着した建造物であって，③その目的とす
る用途に供し得る状態にあるもの，とされている。

第一章　総　説

⊞ 解説
⑴　建物の要件

　a　民法第86条第1項は「土地及びその定着物は，不動産とする」と規定し，また，不動産登記法第2条1号は「土地又は建物」を「不動産」と定義し，土地の定着物である建物は，敷地である土地とは別個・独立の不動産とされている。

　したがって，建物は，独立して登記の対象となるが，土地の定着物であっても建物と認められないものは，特別法による例外（立木法による立木）を除き，独立して登記の対象とはなり得ない（例えば，橋梁，鉄塔，石油タンク等）。

　b　土地に定着した建造物が「建物」であるか否かの判定は，最終的には社会通念によることになるが，不動産登記規則第111条は，建物について，「屋根及び周壁又はこれに類するものを有し，土地に定着した建造物であって，その目的とする用途に供し得る状態にあるものでなければならない」と規定している。

　c　また，新潟地方裁判所昭和55年3月28日判決（判例時報968号38ページ）は，「ある構造物が登記の対象となる建物といえるためには，①土地に定着していること（定着性），②材料を使用して人工的に構築されたものであること（構築性），③屋根及び周壁等の外部構造により外気を分断し得る構造を有していること（外気分断性），④屋根及び周壁等の外部構造によって区画された内部の空間には一定の用途に供することの可能な生活空間（人や貨物の滞留が可能な場所）が形成されていることを要する」と判示している。

　d　建物か否かの判定は非常に困難な場合もあるが，ある建造物が建物と認定されることによって，抵当権の目的とすることができること（民法369条），建物の所有を目的とする地上権又は賃借権は，借地権（借地借家法1条1項）として保護され，建物の登記によって借地権の対抗力が認められること（同法10条1項）等の効果がある。

　建物か否かの認定に当たっては，これらのことをも念頭において，登記実務における取扱例を参考として，判断することになる。

⑵　「屋根及び周壁又はこれに類するものを有すること」とは

第一節　総　　論

　　a　不動産登記規則第111条に規定する「屋根及び周壁又はこれに類する
ものを有すること」とはどの程度の規模，構造の場合に該当するかについ
て，個別具体的な判断に当たって疑義を生ずるが，当該建物の用途性をも考
慮して総合的に判断すべきである。

　　b　登記実務においては，アーケード付街路（公衆用道路上に屋根覆いを
施した部分）（不登準則77条(2)エ）や，ガソリンスタンドに付随し給油の目
的をもって駐車に利用する「きのこ型」の建造物（昭和36年9月12日民事甲
第2208号民事局長回答）は，いずれも建物ではないとしている。

　　c　建築工事中の造造物がいつの時点から建物と認められるかについて，
裁判所は，「工事中ノ建物ト雖已ニ屋根及周壁ヲ有シ土地ニ定著セル一個ノ
建造物トシテ存在スルニ至ルヲ以テ足レリトシ床及天井ノ如キハ未タ之ヲ具
ヘサルモ可ナリ」と判示している（大審院昭和10年10月1日判決―大審院民
事判例集14巻18号1671ページ）。

　　しかし，「木材ヲ組立地上定著セシメ屋根ヲ葺キ上ケタルノミ」（大審院大
正15年2月22日判決―大審院民事判例集5巻2号99ページ）や，「単ニ切組
（筆者注）ヲ済マシ降雨ヲ凌キ得ル程度ニ土居葺（筆者注）ヲ了リアルト云フ
ニ止マリ荒壁ノ仕事ニ着手シタルヤ否ヤモ的確ナラサル状態ニ在リタルモ
ノ」（大審院昭和8年3月24日判決―大審院民事判例集12巻490ページ）では
建物とはいえないとしている。

　　（筆者注）「切組」とは，木材等を柱・はり等に組み立てることであり，「土居葺」
　　　とは，瓦の葺土を受けるため薄板で葺いたものである。

(3)　「土地に定着した建造物」とは

　　a　不動産登記規則第111条に規定する「土地に定着した建造物」とは，
単に物理的な固着の度合いのみによって判断すべきでなく，「土地に附着せ
しめられ且つその土地に永続的に附着せしめられた状態において使用せしめ
られることがその物の取引上の性質であるもの」をいい，したがって，石油
タンクは，「地上に附置されているに過ぎず，特別の基礎工事により土地に
固着されたものではないから…不動産ではな」い（最高裁判所昭和37年3月
29日判決―最高裁判所民事判例集16巻3号643ページ）。

　　b　登記実務において，「容易に運搬することができる切符売場又は入場
券売場等」を建物として取り扱わないとしている（不登準則77条(2)オ）のも

21

第一章　総　　説

同様である。

　c　不動産である建物は永続性のある建造物でなければならないから，屋根及び壁の仕上げが耐用年数1年程度のビニール張りであるビニールハウスは建物とは認められない（昭和36年11月16日民事甲第2868号民事局長回答，同日民事三発第1023号民事局第三課長回答）。

(4) **具体的事例**

　a　建物として取り扱うものとしては，次のものがある。

① 停車場の乗降場及び荷物積卸場で上屋を有する部分（不登準則77条(1)ア）

② 野球場，競馬場の観覧席で屋根を有する部分（同イ）

③ ガード下を利用して築造した店舗，倉庫等の建造物（同ウ）

④ 地下停車場，地下駐車場又は地下街の建造物（同エ）

⑤ 半永久的な建造物と認められる園芸又は農耕用の温床施設（同オ）

⑥ 鉄筋コンクリート造で屋根は鋼板葺の家畜飼料貯蔵庫（昭和35年4月15日民事甲第928号民事局長回答）

⑦ 出入口等のない全開構造で，柱がなく，円筒型側壁，ドーム型天蓋をもつ鉄筋コンクリート造のセメント貯蔵用サイロ（昭和37年6月12日民事甲第1487号民事局長回答）

⑧ 鉄骨造鉄板葺平家建で鋼製H型パイルにボルトで締め付け，コンクリート基礎上に据え付けられた農村集団自動電話交換所（昭和42年9月22日民事甲第2654号民事局長電報回答）

⑨ 全開構造で，鋼板製円形型主サイロ4基とベビーサイロ1基が結合し，その下部が鋼管製の脚柱により土地に定着している飼育原料貯蔵用サイロ（昭和43年2月23日民事三発第140号民事局第三課長回答）

　b　建物として取り扱わないものとしては，次のものがある。

① ガスタンク，石油タンク又は給水タンク（不登準則77条(2)ア）

② 地上に基脚を有し，又は支柱を施さない機械上に建設した建造物（同イ）

③ 固定していない浮船を利用したもの（同ウ）

④ 公衆用道路上に屋根覆いを施したアーケード付街路（同エ）

⑤ 容易に運搬することができる切符売場又は入場券売場（同オ）

第一節　総　　論

⑥　屋根及び壁の仕上げが耐用年数１年程度のビニール張りであるビニールハウス（昭和36年11月16日民事甲第2868号民事局長回答，同日民事三発第1023号民事局第三課長回答）

> **Q** 7　表示に関する登記における職権主義とはどういうことか。

A　登記は，当事者の申請に基づいてするのが原則であるが，表示に関する登記については，登記官が，必要に応じて，自ら不動産の現況を調査して登記することができる。これを職権主義と称している。なお，登記官の職権による登記が認められるのは，原則として報告的な登記に限られる。

解説

a　権利に関する登記（不登法２条４号）にあっては，登記官が職権で登記をすることは極めて例外的である（同法16条１項）。これに対して，昭和35年法律第14号による旧不動産登記法の改正により，権利に関する登記とは別個・独立して新設された表示に関する登記（不登法２条３号）にあっては，登記官が職権でこれをすることができる（同法28条，旧不登法25条ノ２）。

表示に関する登記における職権主義は，沿革的には，上記改正法によって，登記簿と土地台帳，家屋台帳との統合一元化が図られたことに伴い，台帳登録制度が職権主義を採っていたことにならい，これを受け継いだものである。職権主義の導入は，そもそも表示に関する登記は，不動産の物理的状況やその変化というそれ自体としては客観的事実を公示することを主たる目的とするものであること，そして，不動産の物理的現況は権利に関する登記の前提，基礎となるものであることから，その現況を正確に把握し，公示することは，登記事務を担当する登記官の職責とみられることなどの理由からである。

b　ここでいう職権主義とは，当事者の申請を待たずに，登記官が，職務権限として，自ら不動産の現況を調査して（不登法29条１項）登記をするこ

23

第一章　総　　説

とができることをいう。しかし，このことは，当事者からの申請を排除するものではなく，表示に関する登記の申請適格者が法定されているのみならず，その申請を怠った場合には罰則が課せられている（不登法164条）こと，当該不動産の客観的現況は当事者が一番よく知り得ることなどを考えると，表示に関する登記についても，権利に関する登記と同様，当事者の申請によるのが原則であって，職権主義が働くのは補充的ものと解される（岡山地方裁判所昭和57年1月25日判決―判例タイムズ498号178ページ）。

　　c　登記官は，土地の表題登記（不登法36条），土地の地目若しくは地積の変更の登記（同法37条），土地の滅失の登記（同法42条），建物の表題登記（同法47条），建物の合体による登記等（同法49条），建物の表題部の変更の登記（同法51条），又は建物の滅失の登記（同法57条）等を申請すべき場合において申請のないものを発見したときには，直ちに職権でその登記をすることなく，申請の義務ある者に対して，登記の申請を催告するものとされている（不登準則63条1項）。

　　d　職権主義は，表示に関する登記のすべてについて認められているものではなく，主として不動産の客観的，物理的な状況を報告的に公示する登記（Q3（4ページ）参照）に適用され，形成的な公示機能を有する登記（Q4（8ページ）参照）には適用がない。すなわち，土地の分筆，合筆の登記（不登法39条），建物の分割の登記，区分の登記，合併の登記（同法54条）は，表題部所有者（同法2条10号）又は所有権の登記名義人（同条11号）の申請によってされ，登記官が職権でこれらの登記をすることはできない。ただし，登記官は，一筆の土地の一部が別地目となったとき，又は地番区域を異にするに至ったときは，職権で，その土地の分筆の登記をしなければならず（不登法39条2項），また，地図を作成する場合において必要があるときは，表題部所有者又は所有権の登記名義人の異議のないときに限り，職権で，分筆の登記又は合筆の登記をすることができる（同条3項）。

第一節　総　論

Q 8　実地調査はどのような場合にするのか。

A　登記官は，表示に関する登記の申請があった場合において，申請情報，添付情報又は公知の事実等により申請に係る事項が相当と認められないとき又は登記官が職権で表示に関する登記をする場合において必要があると認めるときは，実地調査を行う。

解説

(1) 登記官の審査権限

　a　登記官は，申請情報（不登法18条柱書き）が登記所に提供されたときは，直ちに受付帳に，登記の目的，申請の受付年月日及び受付番号並びに不動産所在事項（不登規則１条９号）を記録する（不登法19条，不登規則56条１項）。そして，書面申請（不登規則１条４号）の場合は，申請書（同条５号）に申請の受付年月日及び受付番号を記載する（同規則56条２項）。

　b　登記官は，申請情報が提供されたときは，受付番号の順序に従って登記しなければならない（不登法20条，不登規則58条）。

　登記官は，申請情報が提供されたときは，遅滞なく，申請に関するすべての事項を調査し（不登規則57条），当該申請に係る登記を実行すべきか，それとも却下すべきかを決定しなければならない（不登法25条柱書き本文）。ただし，登記申請の不備が補正することができるものである場合において，登記官が定めた相当の期間内に，申請人がこれを補正したときは，却下されることなく登記される（不登法25条柱書きただし書）。

　c　権利に関する登記（不登法２条４号）の申請に対する登記官の審査権限の範囲は，提供された申請情報及びその添付情報（不登令２条１号）とこれに関連する登記記録（不登法２条５号）に限定される書面審査（ただし，審査の対象は実体法上の事項にも及ぶ）である（不登法25条参照）。

　これに対して，表示に関する登記（不登法２条３号）の申請については，登記官は，不動産の表示に関する事項を調査することができる（同法29条１項）。また，登記官が職権で表示に関する登記をする場合（不登法28条）においても，必要があると認めるときも，同様である（同法29条１項）。

(2) 実地調査の要否

第一章　総　　説

　　a　登記官は，表示に関する登記をする場合には，実地調査を行わなければならない（不登規則93条本文）。しかし，土地家屋調査士（土地家屋調査士法人を含む。）が代理人として登記を申請する場合において，当該土地家屋調査士が作成した申請に係る不動産の調査に関する報告，その他申請情報と併せて提供された情報又は公知の事実若しくは登記官が職務上知り得た事実により，登記官が実地調査をする必要がないと認めたときは，実地調査を要しない（不登規則93条ただし書）。

　　b　登記官が実地調査を行うか否かは，登記官の合理的な自由裁量に委ねられており，「表示に関する登記の申請書の添付書類等により，不動産の現況を把握することができ，当該申請にかかる登記事項が右把握した不動産の現況に照らして十分正確であると認められる場合には，登記官が重ねて当該不動産の表示に関する事項について調査する必要はないというべきであるが，右申請書の添付書類等によって，不動産の現況を把握できないときは，当該不動産の表示に関する登記事項が不動産の現況に照らして正確なものとなるよう，進んで自ら調査を行う義務がある」（大阪地方裁判所平成2年2月19日判決―訟務月報36巻10号1803ページ）と解されている。

　　また，「高度に証明力が保証されている公文書による証明がある場合には，これを全面的に信頼し，実質的審査権を行使しないで，これに従うのが通例」（大阪高等裁判所昭和41年11月14日判決―判例タイムズ204号173ページ）である。

　　そして，実地調査を行う時期については，「当該登記所における処理すべき事件の数，その処理のための人的物的設備等の諸事情を考慮して客観的に合理的と認められる期間内に行うことを要する」と解されている（福岡地方裁判所昭和56年2月26日判決―判例タイムズ474号187ページ）。

　⑶　所有者の認定

　　a　土地又は建物の表題登記を申請する（不登法2条20号，土地につき36条，建物につき47条）場合には，申請情報と併せて，所有権証明情報を提供すべきこととされている（不登令7条1項6号，土地につき別表4項添付情報欄ハ・建物につき同12項添付情報欄ハ）。そこで，登記官の実地調査権が所有者の認定まで及ぶか否かが問題となる。

　　b　登記官による実地調査を規定した不動産登記法第29条第1項は，「当

第一節　総　　論

該不動産の表示に関する事項」を調査することができる旨を規定している。そして，不動産登記法第2条第2号は「不動産の表示」を「不動産についての第二十七条第一号，第三号……に規定する登記事項をいう」と定義し，同法第27条第3号は「所有権の登記がない不動産（……）」については，所有者の氏名若しくは名称及び住所並びに所有者が二名以上であるときはその所有者ごとの持分」と規定している。

　また，表示に関する登記が権利の客体である不動産の現況を正確に登記記録（不登法2条5号）に反映させ，もって取引の安全を図ることを目的としており，そして，表題部所有者（同条10号）は単独で所有権の保存の登記を申請することができる（同法74条1項1号）。

　したがって，登記官は，申請者の所有権の存否についても実地調査権の対象とすることができることは明らかである。

　c　しかし，登記官は，提供された添付情報の書面審査の結果，所有権の帰属に疑問を抱く場合に補充的に実地調査権を行使してその点の調査をすることができるにすぎず，また，この調査結果を平均的な登記官の注意力をもって吟味した上でこの疑問が解消し，申請者に所有権が帰属していると一応推認できる程度の心証を得れば，申請のとおりの表題登記をすることができると解される（福岡高等裁判所平成元年10月25日判決—判例時報1355号67ページ）。

　d　また，「実地調査の結果，別途所有権を有することについて相当の根拠をもって主張する対立当事者の存在が判明し，登記官において右申請人が所有権を有することについて合理的な疑いを生じる場合には，登記官は不登法49条10号（編注—現行25条11号）の規定により右申請を却下する……登記官は，提出書類の書面審査の結果所有権の帰属に合理的な疑いを抱く場合において，補充的な実地調査権を行使してその点の調査をし得るにすぎず，右調査によっても，登記官が申請人に所有権が帰属していることについて合理的な疑いが残るときは，申請のとおりの表題部所有者を認定することはできないものとし，かつ，それ以上の調査をすべき義務はない」と解される（東京地方裁判所平成6年12月19日判決—登記先例解説集35巻7号141ページ）。

　e　なお，同一建物につき所有者の異なる申請人からそれぞれ所有権証明情報を提供して相前後して建物の表題登記の申請があり，実地調査の結果，

27

第一章　総　　説

所有者を確認することができないとして申請を却下する場合の却下条項は，不動産登記法第25条第11号であって，第9号ではない（昭和39年5月27日民事三発第444号民事局第三課長電報回答）。

　(4)　**実地調査の方法**

　　a　登記官は，申請情報及びその添付情報を審査して，実地調査の必要を認めた場合は，申請書又は電子申請管理用紙（不登準則32条3項）の1枚目用紙の上部欄外に「要実地調査」の印判を押印する（不登準則62条1項）。

　　b　実地調査は，あらかじめ登記記録のほか，地図（不登法14条1項），地図に準ずる図面（同条4項），土地所在図（不登令2条2号），地積測量図（同条3号），建物図面（同条5号），各階平面図（同条6号）等を調査し，調査事項を明確にした上で，行う（不登準則60条2項）。

　　登記官は，必要があるときは，登記所の職員に，細部の指示を与えて，実地調査をさせることができる（不登準則64条）。

　　c　登記官は，実地調査を行う場合には，その土地又は建物の所有者その他の利害関係人又は管理人の立会いを求め，なお必要があると認めるときは，隣地の所有者又は利害関係人等の立会いを求めることができる（不登法29条2項前段，不登準則61条2項）。

　　そして，登記官は，実地調査を行おうとする場合には，あらかじめ土地又は建物の所有者その他の利害関係人に通知する等，調査上支障がないように諸般の手配をしなければならない（不登準則61条1項）。

　　また，登記官は，実地調査において質問又は検査をする場合には，所有者その他の利害関係人等に対して身分，氏名及び質問又は検査の趣旨を明らかにし，これらの者に迷惑をかけることがないように注意しなければならない（不登準則61条3項）。

　　なお，登記官は，身分証明書を携帯し，関係人の請求があったときはこれを提示しなければならない（不登法29条2項後段，不登規則94条2項）。

　　d　登記官による実施調査の方法は，①不動産の物理的状況を検査する方法，②不動産の所有者その他の関係者に対して文書等の提示を求める方法，及び③不動産の所有者その他の関係者に対して質問をする方法である（不登法29条2項前段）。上記①の検査を拒み，妨げ，又は忌避した者（不登法162条1号），同②の文書等を提示せず，又は虚偽の文書等を提示した者（同条

第一節　総　　論

2号），そして，同③の質問に対して陳述せず，又は虚偽の陳述をした者
（同号）は，いずれも30万円以下の罰金に処せられる（不登法162条）。

　　e　実地調査を実施することができる時間は，日の出から日没までの間に
限られる（不登法29条2項前段）。

　　f　登記官は，実地調査を行った場合には，実地調査書を作成して，これ
を申請書又は電子申請管理用紙とともに保管する（不登規則95条，不登準則
62条2項・3項）。

　　g　登記官は，実地調査の結果，地積更正の登記申請について，相隣地所
有者相互の主張する筆界線が異なるため登記官においてその筆界確認が困難
な場合は，当該登記の申請を，不動産登記法第25条第11号の規定により，却
下する（昭和38年1月21日民事甲第129号民事局長回答）。

Q 9　表示に関する登記に対抗力が認められるか。

A　表示に関する登記は，その性質上対抗要件としての登記ではない
　　　が，例外的に対抗要件としての登記の性格を有するものもある。

解説

　　a　民法は，「不動産に関する物権の得喪及び変更は，不動産登記法（平
成16年法律第123号）その他の登記に関する法律の定めるところに従いその
登記をしなければ，第三者に対抗することができない」（177条）と定めてい
る。このほか，民法は，不動産先取特権の保存の登記（337条〜340条），抵
当権の順位の変更の登記（374条），不動産の賃貸借の登記（605条）等を規
定している。

　　このように，民法は，不動産に関する物権変動の効力を第三者に対抗する
ため，あるいは不動産に関する権利の効力を生ずるため，登記を要する旨を
定めている。権利に関する登記（不登法2条4号）は，これら民法に規定す
る対抗要件としての登記である。

　　b　これに対して，表示に関する登記（不登法2条3号）は，権利の客体
である不動産の物理的状況を記録して公示するため，土地又は建物の登記記

第一章　総　説

録（同条5号）の表題部（同条7号）にされる登記であり，権利に関する登記の前提となるものであるから，その性質上対抗要件としての登記ではない。

　c　しかし，専有部分（区分所有法2条3項）及び附属の建物は，規約により共用部分とすることができ（同法4条1項），この場合は，その旨の登記をしなければ第三者に対抗することができない（同条2項）。また，一団地内の附属施設たる建物を規約により団地共用部分とした場合も同様である（区分所有法67条1項）。そして，この共用部分である旨又は団地共用部分である旨の登記は，表題部中「原因及びその日付欄」に記録にされる（不登法44条1項6号，不登準則103条）。

　そうすると，共用部分である旨又は団地共用部分である旨の登記は，表示に関する登記に分類される（不登法2条2号・3号，58条）が，対抗要件としての登記の性格を有するものといえる。

　d　表示に関する登記の登記事項（不登法2条6号）として，所有権の登記のない不動産については，所有者の氏名又は名称及び住所並びに所有者が2名以上である場合は，所有者ごとの持分が登記される（不登法27条3号）が，この表題部所有者（同法2条10号）に関する登記は，民法第177条に規定する「登記」ではないので，対抗要件としての効力を有しない。

　しかし，借地借家法第10条第1項（旧建物保護ニ関スル法律2条に相当）に規定する「登記されている建物」の中に表題登記（不登法2条20号）のみがされている建物が含まれるか否かについて，積極説（東京高等裁判所昭和45年3月25日判決─判例時報591号67ページ，最高裁判所昭和50年2月13日判決─最高裁判所民事判例集29巻2号83ページ）と消極説（東京地方裁判所昭和43年2月26日判決─判例時報521号63ページ）がある。

　借地借家法第10条第1項は「登記されている建物」と規定しているのみで登記の種類について限定をしていないこと，また，同法の立法趣旨は，土地の取引をする者は，当該土地上に土地所有者以外の者が所有する建物が存在する場合には，当該土地を目的とした使用権が設定されていることを推知すべきであるとの思想に立つものであるから，ここでいう登記は必ずしも対抗要件として必要ではなく，土地の取引をする者に建物の存在とその所有名義人を知らしめるに足る記録があればよいことなどを考えると，積極説が妥当ということができる。

第一節　総　　論

　e　表題部所有者は，所有権の保存の登記を申請することができる（不登法74条1項1号）が，表題部に記録のない者は，真実の所有者といえども，特別の場合（同項2号・3号，同条2項）を除き，所有権の保存の登記を申請することができない。そういう意味では，表題部所有者は，当該不動産の所有関係について，一種の公証的機能を有するといえる（最高裁判所平成9年3月11日判決─判例時報1599号48ページ・判例タイムズ937号92ページ）。

第二節　表示登記の沿革

Q 10　地券制度とはどのようなものか。

A　明治政府は，明治初年，土地の所有を許し，売買の自由を認める
一方，地租改正事業の手段として，土地所有者に対して，所有者，
地目，地積，地価等を記載した地券を交付し，地租の納税義務者及
び税額を把握する一方，地券は，土地所有者にとっては自己の所有
権の証明書となった。

解説

　a　旧幕時代には近代法におけるような抽象的・包括的・絶対的な支配権
としての土地所有権（一物一権主義）は存在せず，具体的用益と不可分に結
びついた所持，支配進退といわれる土地支配権があった。この土地支配権
は，封建的社会構造を反映して，一つの土地について領主的所持（年貢徴収
権その他公法上の権能を含む権利）と農民的所持（現実的な耕作用益する権
利）とが重なり合って存在していた。

　b　明治維新に至り，明治政府は，封建領主の土地領有を廃止し，人民に
よる土地の所持を認め（明治元年12月行政官布告第1096号），土地売買の自
由を認めた（明治5年2月太政官布告第50号）。

　そして，明治政府は，財政的基盤を確立するため，民有地を対象として地
租を徴収することとし（明治4年12月太政官布告第682号），地券発行地租収
納規則（明治5年正月大蔵省無号達）を達して，旧幕時代に無税か税金が低
廉であった城下町，宿場町等について地券（市街地券）を発行するととも
に，地券大帳を調製した。

　一方，年貢が課されていた田畑については，地所売買譲渡ニ付地券渡方規
則（明治5年2月大蔵省達第25号）を達して，売買譲渡の都度，地券（郡村
地券）を発行するとともに，地券大帳を調製した。その後，すべての土地に
ついて地券を発行することとした（明治5年7月大蔵省達第83号）。

　これら地券は，地租改正事業によって発行された地券（改正地券）と区別
して，壬申地券（別掲【地券之証（壬申地券）】参照）と称されている。

第二節　表示登記の沿革

【地券之証（壬申地券）】

法務省民事局編「写真で見る不動産登記百年史」より

　c　明治政府は，地租改正条例（明治6年7月太政官布告第272号）等を制定して地租改正事業を挙行し，この事業の過程で，従来の土地に対する複雑な封建的支配関係を廃止，整理し，従前の支配進退の実績に照らして官有地・民有地に区分するとともに，民有地についてはその所有者に対して改正地券（別掲【改正地券（表・裏）】参照）を交付するとともに，地券台帳を整備した。

第一章 総　説

【改正地券（表）】

【改正地券（裏）】

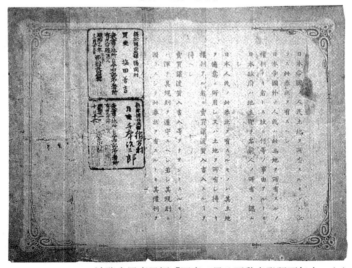

法務省民事局編「写真で見る不動産登記百年史」より

第二節　表示登記の沿革

　d　地券は，地租改正事業の手段として考案されたもので，主に土地の所有権を証明し，併せて，地租を把握するものであった。

　しかし，地券は，その役割のうち，前者は登記法（明治19年法律第11号）の制定により，また，後者は土地台帳規則（明治22年勅令第39号）の制定により，その存在意義を失なったため，明治22年法律第13号をもって廃止された。

Q 11　地租改正事業とはどういうものか。

　A　明治政府は，地租徴収のため，明治6年から，全国の土地について，一筆の土地ごとに測量して，所有者を確定し，所有者に地券を交付するとともに，役所に地券台帳と地図を備えた。この測量の成果が現在の登記記録の地積の基礎に，また，この地図が公図の基礎になっている。

解説

(1)　地租改正法の公布

　a　明治6年7月，明治政府は，地租徴収のため，地租改正法（上諭，地租改正条例（太政官布告第272号），地租改正施行規則及び地方官心得書から成る。）を公布して地租改正事業を挙行した。

　b　地租改正事業の過程で，従来の土地に対する複雑な封建的支配関係を廃止・整理し，従前の支配進退の実績に照らして官・民有の区分をするとともに，民有地についてはその所有者に対して地券（改正地券）を交付するとともに，地券台帳及び地図を整備した。

　c　地租改正事業は，政府の意図より遅れたものの，山林・原野の未了の府県を除き，明治14年に終了した。

(2)　地租改正事務局の設置

　a　地租改正事業に関する事務は，大蔵省と内務省との間に設置され地租改正事務局（明治8年3月太政官達第38号）によって，全国の府県が実施する地租改正事業を一元的に指導・監督した。

第一章　総　説

　　b　地租改正に関する事業は，国税の賦課・徴収，官・民有地の区分や民
有地所有者の認定等に関する事柄であるから，全国を同一基準で実施する必
要があった。そこで，地租改正事務局は，府県における地租改正に関する事
業の担当者の執務上の準則ないし参考に供するため，各府県からの「伺い及
びその指示」並びに重要なものについては「達」として，各府県に配布し
た。そして，地租改正事務局は，職員が各地方に出張し，統一した取扱いに
基づく調査ができるよう各府県に対する申牒及び指令を参考として，地所処
分仮規則（明治8年7月地租改正事務局議定），地租改正条例細目（明治8
年7月地租改正事務局議定），市街地租改正調査法細目（明治9年3月地租
改正事務局別報第14号達）山林原野調査法細目（明治9年3月地租改正事務
局別報第16号達）等を制定した。

　　c　地租改正事務局は，明治14年に廃止され，残務は大蔵省租税局におい
て取り扱うこととされた（明治14年6月30日太政官達第59号）。

　　明治15年2月，参議兼大蔵卿松方正義から太政大臣三条実美あて，全国の
地租改正事業の概況を明らかにした地租改正報告書が提出された。

(3)　**地租改正事業の準備作業**

　　a　明治維新時は，旧幕時代における封建的土地所有関係が維持され，ま
た，各藩により種々の慣習があり，地域により土地利用関係が異なってい
た。

　　b　このため，地租改正事業に着手する前に，まず，封建的土地利用関係
を近代的なものに整理するため，①村・字界及び飛地の整理，②所有者の整
理・確定，③開墾地等の整理及び④社寺地の整理の作業を実施した。

(4)　**郡村地の地押丈量**

　　a　地租改正事業は，最初に，土地の重複や脱落を防止するため，地押を
実施し，小さい村は村単位，大きな村は字単位で，一筆の土地ごとに番号を
付した。この番号が，地番のルーツである。

　　b　一筆の土地ごとの丈量（測量）は，人民が，十字法（注1）又は三
斜法により行い，字，番号（地番），地目，反別（地積），地主の姓名等を明
記した「畝杭」を建て，地番順に，一筆の土地ごとその形状を見取図に描画
し，これを連合して一字限図及び一村限図を作成し，地引帳とともに，これ
らを管轄庁に提出した。すなわち，土地の形状を画いて丈量線を引き間数を

36

記入した野取図(一筆限図)と,字・番号・地目・反別及び一縄の縦横の間数と坪数を記入した丈量帳(反別帳・地引帳)を各2通作成し,町村の丈量が終了したときは,野取図及び丈量帳各1通を地方庁に提出して検査を受け,他の1通は町村に備え置いた(明治19年1月大蔵省主税局「地租便覧」前款・二丈量絵図)。

c 地押丈量後,官吏が村に赴き,地主はもちろん,その村の総代人(注2)等の立会いの下で,畝杭と地引帳・地引絵図とを照合し,地番の重複あるいは脱漏の有無を確認(地押検査)した。

地押検査が終わると,丈量の検査を実施した。この場合も,地主,総代人等が立会うこと等はすべて地押の場合と同様であった。

官吏の実地検査は,一字地域で3,4か所ないし5,6か所であり,反別(地積)の検査結果は,丈量は地形の屈曲や量器の使用によって多少の差異は免れないとして,人民の申告と比べて300歩(坪)につき10歩内外の差は認めた。

d 丈量の具体的方法について,地租改正条例細目(明治8年7月地租改正事務局議定)第2章は,「土地丈量ノ事」と題して,次のとおり定めている。

① 耕地を丈量する場合には畔際から行うこと(3条)。

② 数個の畦畔をまたがって一筆とする場合は,総面積から畦畔敷地の面積を除去して反別(面積)を定めること(4条)。

③ 山林,原野,池沼等の広漠な土地で実測が困難な場合は,四至の境界を明白にして,おおよその反別を記載すること(5条)。

④ 道路,河川,堤塘,畦畔,溝渠等については,実測を要しないが,境界を判然と調査し,従前の道敷,道幅等の記録がある場合はその旨を記録しておくこと(6条)。

e また,地租改正事務局出張官員心得書(明治9年9月地租改正事務局関東府県出張官員へ達)は,次のとおり定めている。

① 一筆の畑地内にある自己作道,小畔等の歩数(面積)は,畑地の大小を問わず,除却することはできないこと(1項)。

② 甲・乙地主の境界及び接続する同一所有に係る地所毎筆の境界は双方おおよそ5勺(1間の20分の1。約9cm)づつ除却して丈量すること(2項)。

第一章 総 説

③ 崖高の土地の崖ぎわで鍬入に必要な土地はその土地の反別に組み入れるが，崖地に桑，茶等を栽培するものは本地に合量すること（3項）。

④ 私道については，既存のものはその形状により，新設のものは幅3尺（0.9メートル）以内と定めること（4項）。

⑤ 地主の便宜をもって随意に設けた通路は本地に合量するが，一筆の土地に通路がない場合は実況に応じて一道のみ存置すること（5項）。

f 前掲地租改正報告書の第三款「検地」の第一項「地押丈量」は，郡村地の地押丈量について次のように記述している（ふりがなは筆者。以下本問において同じ。）。

　　地押ハ土地ノ重複若クハ脱落ナキヲ要スル為メ当初ニ之ヲ施行スルモノナリ其方法先ツ人民ヲシテ小村ハ一村通シ番大村ハ各字限リ一地一筆毎ニ之ニ番号ヲ附シ而後十字法又ハ三斜法ヲ以テ其歩積ヲ量リ畝杭ヲ建テ字番号地目反別地主姓名等渾テ之ヲ明記シ又其番号地順ニ随ヒ一筆毎ノ形状ヲ見取図ニ製シ之レヲ連合シテ一字限リ及ヒ一村限図ヲ製シ地引帳ト共ニ之ヲ管轄庁ニ上進セシム而後官吏其本村ニ臨ミ地主ハ勿論本村総代人等ヲ会集シ其畝杭ト其地引帳地引絵図トヲ照合シ地番ノ重複或ハ脱漏ナキヲ確認スルニ至ルヲ度トセリ而シテ此際地味ノ厚薄ヲ始メ改租ニ付要用ナル諸件ヲ熟察シ以テ他日地価調査等ノ憶按ニ供セリ地押既ニ了リ次ニ丈量検査ニ着手ス此際ニ於テモ地主総代人等ヲ会集スルコト総テ地押ノ時ニ異ナラス而シテ官吏実地ニ臨ミ其積ヲ求メテ畝歩ヲ算定シ之ヲ人民ヨリ具申スル所ノ段別ニ比照シ一段歩ニ付十歩内外ノ差アルモノハ之ヲ可認セリ蓋シ丈量ノコトタル地形ノ屈曲ト量器ノ使用トニヨリ固少差ナキヲ免カレサルヲ以テナリ但人民ノ調理粗漏ニ失スルカ或ハ其実ヲ失フモノアリト認ムルトキハ更ニ再調ヲ命シ総テ確実ニ帰セシメタリ而大凡ソ検査セシ筆数ハ一字ノ土地ニテ三四ケ所乃至五六ケ所ナリ

(5) 市街地の地押丈量

a 市街地は，家屋が密集して，実測が困難であるため，まず，分間法（注3）によって，町全体の総坪数を概測し，その後，一宅地ごとに丈量を実施し，これら坪数を集計して，これと前者の総坪数とが合致するか否かを検査する方法を採った。

第二節　表示登記の沿革

　b　市街地に関する地租改正事業は，市街地租改正調査法細目（明治9年
3月地租改正事務局別報第14号達）により，次の方法によって実施した。
　①　市街地の丈量は緻密を要すること（1条1節前段）。
　②　市街地は，壬申地券発行の際に性急な丈量調査を行った地域，あるい
　　は旧来の帳簿に記載された坪数によった地域は，すべて調査すること
　　（1条1節後段）。
　③　家屋が密集していて一宅地の表，裏，奥行等に屈曲がある場合には実
　　測することが困難であるため，最初に，町の表通り，裏通り，横町の四
　　方を綿密に丈量してその総坪数を算定し，しかる後に，一宅地ごとの丈
　　量を実施し，これら坪数を集計して，これと町全体の総坪数とが合致す
　　るか否かを検査する方法によるべきこと（1条2節）。
　④　宅地一区画内に存する田畑については，これを区別せず，宅地として
　　丈量すること（1条3節）。
　⑤　市街地内に存する宅地と別区域にある畑，林等は郡村耕地に準じて丈
　　量すること（1条4節）。
　⑥　様歩（丈量検査）は，一町内に3，4か所から10か所程度まで適宜検
　　査し，100坪につき2坪までの差は可とし，これを超える場合は再調を
　　命じること（1条5節）。
　⑦　壬申地券発行の際に丈量調査を精密に行い，間竿の端数まで詳細に野
　　帳に記載されている地域については，再調は要しないこと（1条6節）。
　c　前掲地租改正報告書は，市街地の地押丈量について次のように記述し
ている。
　　　市街宅地ノ丈量ハ人戸稠密ニシテ土地モ亦貴重ナルヨリ尺寸ノ差違
　　其得失ニ関スル鮮ナカラサルヲ以テ一層緻密ヲ要セリ故ニ人民ヲシテ先
　　ツ分見法ヲ以テ一町ノ周囲ヲ測量シ其総積ヲ求メ而後又特ニ毎地ヲ丈量
　　シ其地積ヲ合算シ之ヲ向キノ総積ト対照シテ其実積ヲ求メシム而シテ検
　　査ノ方法モ随テ綿密ヲ加ヘ其差違百坪ニ付二坪迄ハ之レヲ可認セリ其
　　筆数ハ一ケ町毎ニ大凡ソ二三筆乃至五六筆ナリ

⑹　山林・原野の地押丈量

　a　山林・原野については，旧幕時代は貢租の対象外で，原則として検地
は実施されなかった結果，検地帳等は作成されず，また，その所有区分も明

39

第一章　総　　説

確ではなかった。このため，地租改正事業に当たっては，地所処分仮規則（明治8年7月地租改正事務局議定）を定め，その所有区分を判定する作業から始めなければならなかった。

　b　山林・原野の丈量は困難が伴うため，地租改正事業の実施機関である府県の多くは，耕地及び宅地の調査のみを実施し，山林・原野の調査に着手しなかった。そこで，明治政府は，山林・原野の調査を督励するとともに，その実施細目として，山林原野調査法細目（明治9年3月地租改正事務局別報第16号達）を制定し，次の方法によって実施した。

　①　丈量の方法は，おおむね耕地の場合と同様であること（1節）。
　②　山岳は，「斜面側面ニテ縦横ノ間数」を測れば足りること（2節）。
　③　一字が数筆からなる土地については，耕地と同様に，各筆ごとに十字法又は三斜法によって丈量し，一字一筆の土地については，当該字について廻り分見あるいは板分間等によって適宜丈量すること（3節）。
　④　深山幽谷あるいは柴草山等の曠漠な地で容易に丈量することができない土地については，周囲の境界を詳記した上，周囲の距離を測り，おおよその地積を明かにすれば足りること（4節）。
　⑤　様歩は，耕地に準じて行い，大差を生じたものについてのみ再調を命じること（5節）。

　c　山林・原野の丈量方法は，おおむね耕地の場合と同様であるが，深山幽谷あるいは柴草山等の曠漠な地で容易に丈量することができない土地については，周囲の境界を詳記した上，周囲の距離を測り，おおよその地積を明かにすれば足り，また，一字一筆の土地については，当該字について廻り分見（注4）あるいは板分間（注5）等によって適宜丈量すれば足りるとした。

　d　前掲地租改正報告書は，山林原野の地押丈量について次のように記述している。

　　山林原野ノ丈量ハ大約耕宅地ト異ナルナシト雖トモ或ハ曠漠数町里ニ渉ルモノアリ或ハ人蹤ヲ絶ツモノアリ此ノ如キ類ハ十字及ヒ三斜ノ術ヲ施スニ由ナキカユヘニ分見法回リ分見ヲ以テ其総積ヲ求メタリ又其深山幽谷ニ至テハ足量等ヲ用ヒ又ハ四至ノ界限ト目標トヲ定メ其経界ヲ正シ其歩積ヲ査定セリ

(7)　改正地券の発行と地券台帳・地図の整備

第二節　表示登記の沿革

　a　官吏の実地調査が終了した後，既に交付済の壬申地券を一村ごとに取りまとめて，地価調書とともにこれを府県庁に送達させ，府県庁においては，この調書を点検し，地券（前掲地租改正報告書第10款第３項「地券台帳」は，別掲【地券様式】を掲げている。なお，Q10掲載の【改正地券（表・裏）】（34ページ）を参照されたい。）を交付した。

【地券様式】

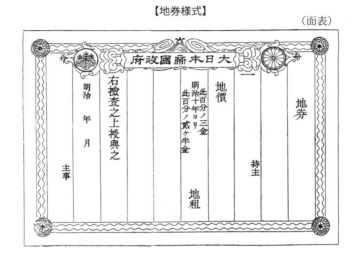
（面表）

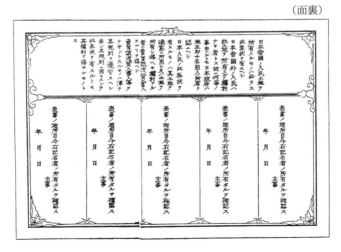
（面裏）

41

第一章　総　説

　　b　官吏が地価調査を実施する場合には，壬申地券の発行の際に府県に備
えていた地券台帳（大帳）及び地引絵図等を必ず携行し，実地調査後は，府
県庁において，各地から送付された地価調書点検した後，地券台帳（前掲地
租改正報告書は，別掲【地券台帳書式】を掲げている。）を整理した（地方
官心得書（明治6年7月大蔵省事務総裁達）39章本文）。

【地券台帳書式】

			何千何百何拾圓	何千何百何拾畝	地 價 地 租	一（官有）地 何畝何反何畝何拾何歩　地所分裂或ハ変換ノ
				何拾何圓	地租	何羅何郡何村何番地字何
			何年何月何日	何年何月何日	地券授與年月日	所由ヲ記載スベシ
			何郡何村町	何郡何村町	地主所籍	
			何某	何某	地主姓名	

　　c　地租改正事業の成果に基づき，地方庁及び町村にそれぞれ野取図及び
丈量帳を完備した。これに基づき　「一字ヲ一図」として，「道路溝渠ハ，勿
論字内毎筆ノ境界ヲ画シ，之ニ地番・地目・田数等ヲ記入」し，「土地ノ位
置ヲ明カニスル」ための「字限リ絵図」と「一村内ノ重モナル道路・溝渠・
堤塘ヲ画キ，字ノ境界線ヲ引キ，以テ一村ノ大体ヲ明ニ」した「一村全図」
各2通を作成し，1通を地方庁に提出し，1通は町村に備え付けた（明治19
年1月大蔵省主税局「地租便覧」前款・二丈量絵図）。

　　この字限図（前掲地租改正報告書は，別掲【字限図】を掲げている。）が，
法務局に備え付けられている旧土地台帳附属地図，すなわち公図の基礎とな
っている。なお，地租改正事業において作成された地図は，「野取絵図」あ

第二節　表示登記の沿革

るいは「改組図」等ともいわれていた。

【字限図】

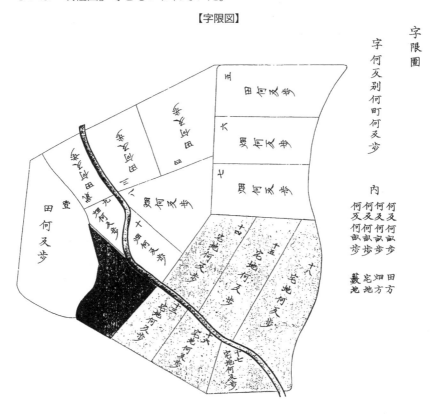

(注1)　「十字法」とは、屈曲した境界線からなる不整形の土地について、面積が等しくなるように目算して、屈曲した境界線を一直線に見通して長四角形を想定し、この長四角形の縦・横の長さを乗じて面積を計算する方法である。前掲地租改正報告書第3款第1項「地押丈量」は、十字法について、別掲【十字器竿入図】を掲げている。
(注2)　「総代人」は、地租改正事業を各村で実施するに当たり、その事業の趣旨を人民に説明し、人民間の意見調整等を行う者として、民撰により置かれ、事業着手から終了までその任に当たった。
(注3)　「分間法」とは、分間略器という簡単な測量器具を用いた平板測量を行って、縮図を作成し、この縮図によって求積する方法である。

第一章　総　　説

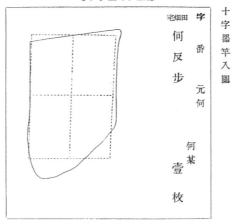

【十字器竿入図】

(注4)　「廻り分間」について、佐藤甚次郎「明治前期作成の地籍図」199頁は、「一村の境界あるいは一字の周囲について、曲折する地点ごとに測器を据えて方位と間数を測り、測点を順次前進させ、村あるいは字の輪郭についての縮図を作成、この図にもとづいて十字法あるいは三斜法で面積を算出するのである。つまり、この縮図作成の方法は平板測量における道線法の仕方で、最後には始めの地点（測点）に戻ってくるので廻り分間と呼ばれた方法である。」と述べている。

(注5)　「板分間」について、佐藤・前掲書202頁は、「見透器（照準儀）も使用しない簡便な仕方で、盤上に磁石で方位を合致させた用紙を置き、一筆の地境線上に水縄を張って間数を実測するとともに、この測線と平行線を用紙に一間一分の割合で物指をもって記入、これを各辺に行ない、輪郭を整えて六〇〇分ノ一の一筆図を描くのである。」と述べている。

Q12　全国地押調査事業とはどういうものか。

A　地租改正事業が必ずしも完全なものではなかったこと等から、明治中期に、新たな土地台帳を調製するため、必要な地域において、再度の地押調査を行った。この調査の成果が公図の基礎になってい

第二節　表示登記の沿革

る。

⊞**解説**

　a　地租改正事業（Q11（35ページ）参照）後，地租条例（明治17年３月太政官布告第７号）の公布を受けて，大蔵省は，府県に対して地租ニ関スル諸帳簿様式（明治17年12月16日大蔵省達第89号）を達し，戸長役場に，「土地ノ沿革」及び「反別地価地租等」を明らかにするための基礎とするため，新たに土地台帳を備え付けることした。

　b　この戸長役場備付けの土地台帳は，政府にとっては「地租ヲ課スルノ元本」，土地所有者にとっては「自家不動産ヲ明記セル正本」となる重要なものであった（明治21年月日不詳「地押調査ニ関スル主税局長ノ口演」）。しかし，地租改正事業後長期間が経過し，その後に無届地目変換，無願開墾等が行われていること，地租改正事業が必ずしも完全なものではなかったこと等から，この土地台帳を調製する方法として，従来の地券台帳等を単純に謄写する方法では，不完備な地券台帳の内容，あるいは土地台帳の記載誤り等を後世に伝えることになることから，新たに土地を調査して，調製する必要があった（前掲主税局長ノ口演）。

　このため，大蔵省は，明治18年２月，府県に対して，地押調査ノ件（明治18年２月18日大蔵大臣訓令主秘第10号）を発し，毎町村において，在来の帳簿図面と実地とを対照する調査を実施し，現況との相違の有無を申告するよう管内へ諭達し，全国的に，再度の地押調査を実施することとした。これが「改租ニ亜ク大業」といわれる全国地押調査事業である。

　c　地租改正事業の成果として作成された地図（改租図）は，不完全のものが多かったことに加えて，土地異動に伴う地図修正作業を行ってこなかったことにより現地と地図とが齟齬が生じていたため，地図の更正作業に着手する地方もあった。

　そこで，大蔵省は，明治20年６月，地図作成の重要性にかんがみ，今後，地図を更正する場合には「町村地図調製式及更正手続」並びに「町村製図略法」によるべきものとして，地図更正ノ件（明治20年６月20日大蔵大臣内訓第3890号）を発出した。地図更正ノ件に基づいて作成された地図は，地租改正の際に作成された改租図と区別するため，「更正図」と称している。

　d　この「町村地図調製式」の主な内容は，次のとおりである。

45

第一章　総　説

①　地図を調製する場合には，原則として町村製図略法によること（1項）。

②　地図は，毎字の地形を画いた「町村図」及び毎筆の地形を画いた「字図」の2種を作成すること（2項）。

③　町村図は「五間ヲ以テ曲尺一分（即チ三千分ノ一）」とし，字図は「一間ヲ以テ曲尺一分（即チ六百分ノ一）」とすること（5項）。

④　地図用紙は，美濃紙を用い，裏打ちをすること（6項）。

⑤　字図は，大きい地域は2枚以上を継ぎ合せ，小さい地域は1枚中に2字以上を描画して差し支えなく，また，わずかに紙幅が余る場合は紙片を張り足し，折返しとすること（7項）。

⑥　町村図は1部，字図は正副各1部を，府県庁及び戸長役場に備え付けること（8項）。

⑦　地図調製後に土地の異動がある場合は，府県庁及び戸長役場において，その願届書に基づき，字図の副図に，その都度，貼紙をもって修正すること（9項本文）。

⑧　畦畔を設けた場合は，副図に線点を画し，廃止した場合はその虚線を画すこと（9項ただし書）。

⑨　地図調製後に，道路・河川の位置の変更，鉄道の敷設等により，町村の大体に変易をきたし，地図の修正では支障があるときは，地図を再製すること（10項）。

⑩　地図は，年々の異動地を修正した副図に基づき，明瞭であるため使用可能である場合を除き，正・副図とも10か年ごとに再調し，年月日を記載して作成者が記名捺印すること（11項）。

⑪　棚田のように1筆の土地の中に細小の区画があって，それぞれの畦畔を地図に描画できない場合は，枚数を掲記し，別紙に記載しても差し支えないこと（12項）。

　　e　上記③は，字図（公図）は「一間ヲ以テ曲尺一分」とすると規定している。すなわち，実測一間の距離を地図上で1分に縮尺して描画するという。そして，「即チ六百分ノ一」と規定しているのは，一間＝6尺，一間＝10寸，1寸の10分の1が1分であるから，字図（公図）の縮尺は「600分の1」ということである。これが公図の縮尺は「600分の1」の根拠である。

46

第二節　表示登記の沿革

　f　上記⑥は，字図（公図）は２部作成し，正図は府県庁に，副図は戸長役場に備え付ける旨を規定している。正図は，税務署の発足（明治29年10月勅令第337号）に伴い，府県庁から税務署に移管され，その後，シャウプ勧告による税制改正により，地租が廃されて市町村長が固定資産税を課すことになったことに伴い，税務署から登記所に移管された（昭和25年７月法律第227号）。

　g　「町村製図略法」においては，使用すべき測量器具について，従来の板分間器や分間略器に代わってアリダードが，間竿に代わって巻尺が，梵天竿（ぼんてんざお）に代わって紅白に塗り分けられたポールが使用され，また，測量については平板測量の方法を図示して明らかにしている（１項ないし４項）。

Q 13　公証制度とはどのようなものか。

> **A**　公証制度とは，町村戸長役場に設けられた奥書割印帳に，土地については担保設定証書を，建物については売買契約書及び担保設定証書を割印し，奥書を受ける制度である。

解説

　a　地券制度は，土地税制に関する制度で，納税義務者（土地所有者）を明らかにするものであるから，土地の担保権設定や建物に関する物権変動については対応することができない。

　そこで，明治政府は，旧幕時代に慣例的に行われていた名主加判の制度を基礎とした地所質入書入規則（明治６年１月太政官布告第18号）を制定し，全国統一した土地の公証制度を創設した。これは，町村戸長役場に奥書割印帳を設け，質権設定契約書や抵当権設定契約書について，年月日順に，奥書割印帳と割印をした上，奥書を受ける方法によるものであった（地所質入書入規則９条）。

　b　次いで，明治政府は，建物について，建物書入質並売買譲渡規則（明治８年９月太政官布告第148号）を制定した。これは，町村戸長役場に，建物書入質及び売買譲渡記載帳を設け，売買契約書や質権設定契約書・抵当権

47

第一章　総　説

設定契約書について，年月日順に，その要旨を記載して，この帳簿とに割印をした上，奥書を受ける方法によるものであった（建物書入質規則５条，建物売買譲渡規則３条，別掲【建物書入質並売買譲渡記載帳】参照）。建物については，担保権設定のみならず所有権移転の公示方法についても公証制度によった。

　　ｃ　この結果，土地の公示制度は，所有権は地券制度，質入・書入は公証制度によるのに対し，建物の公示制度は，いずれも公証制度によることとなった。そして，公証事務は地方自治体の事務として町村戸長役場で取り扱っているのに対して，地券書替え事務は国の事務として郡役所で取り扱っていたところから，郡区役所が遠方にある地にあっては，地券の書替えに数か月もの期間を要することがあった。

　　そこで，土地売買譲渡規則（明治13年11月太政官布告第52号）を制定し，土地の所有権についても，建物と同様に，公証制度を採用することとなった（別掲【地所質入書入及売買譲渡公証割印帳】参照）

　　ｄ　契約書を年月日順に綴り込む公証制度は，二重抵当・三重抵当等を完全に防止することは困難であった。このため，不動産の質権・抵当権設定等の不動産担保取引が増加したことに伴い，二重抵当等が多く行われ，また，担保権設定者による不正事件が多発し，国民の公証制度に対する信頼が低下したことにより，不動産担保による金融が縮小し，経済不況の一要因となった（注）。

　　（注）　明治19年８月15日（登記法公布日）の朝野新聞論説は，戸長役場の公証制度について，「従来地所建物船舶の売買等は単に区戸長役場に於て公証を与ふるの法なりしを以て奸黠の徒は時に区戸長を欺き或は之と共謀して二重三重の書入質入を為し遂に債主をして意外の損失を被らしむるが如き弊害なきに非らず近来世の財主が地所建物を以て不完全なる抵当物と為し之に向て貸付くるを厭ふに至りたる所以に其流質となるに及んで速に貨幣に変化し難きに由ると雖も亦二重抵当等の詐欺に罹らんことを恐れて之を抵当に取らざるも極めて多きに居るに似たり」と報じている（ふりがなは筆者）。

第二節　表示登記の沿革

【地所質入書入及売買譲渡公証割印帳】

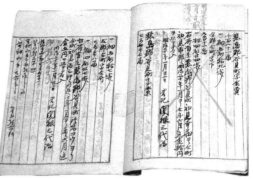

【建物書入質並売買譲渡記載帳】

法務省民事局編「写真で見る不動産登記百年史」より

第一章　総　説

Q 14　不動産登記法の沿革はどのようなものか。

A　明治20年に登記法が施行された後，民法の施行に伴い不動産登記法が施行された。戦後，土地台帳・家屋台帳が税務署から移管を受け，登記簿をバインダー式登記簿に編てつした後，登記簿と台帳の一元化により表示に関する登記制度が創設された。登記事務のコンピュータ処理の進捗を受け，オンライン申請を可能とする等ため，平成16年法律第123号をもって不動産登記法の全面改正が行われた。

解説

(1)　登記法の制定

　a　明治政府は，不動産取引，特に不動産担保制度の不備，欠陥は，資本主義経済の発展にとって大きな妨げになり，その抜本的な制度改正が必要であること，無料であった公証制度を廃止して新たな登記制度を設けることによって新たな財源を確保すること，幕末に締結した外国との不平等条約破棄のために欧米の法律制度の導入が必要であることから，明治19年8月，登記法（明治19年法律第1号）を公布し。明治20年2月1日から施行した。我が国の登記制度の始まりである。

　b　登記法は，裁判所機関の登記所において，表題（地所・建物の表示），甲区（所有権の移転・保有），乙区（質入・書入）及び丙区（差押え等）から成る地所登記簿及び建物登記簿を備え，土地及び建物の権利関係を記載して公示するものであった（別掲【地所登記簿，建物登記簿】参照）。

第二節　表示登記の沿革

【地所登記簿】

〈表紙〉

〈表題〉

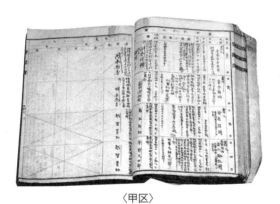
〈甲区〉

法務省民事局編「写真で見る不動産登記百年史」より

第一章 総　説

【建物登記簿】

〈表紙〉

〈表題〉

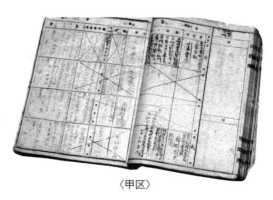
〈甲区〉

法務省民事局編「写真で見る不動産登記百年史」より

第二節　表示登記の沿革

⑵　民法の施行と不動産登記法の制定

　　a　民法（明治29年法律第89号）が制定され，明治31年7月16日から施行
された。民法第177条に「不動産ニ関スル権利ノ得喪及ヒ変更ハ登記法ノ定
ムル所ニ従ヒ其登記ヲ為スニ非サレハ之ヲ以テ第三者ニ対抗スルコトヲ得
ス」と規定され，また，用益物権，担保物権に関する規定等が整備された。

　　b　これに伴い，不動産登記法（明治32年法律第24号）が制定され，同年
6月16日から施行される（明治32年勅令第134号）とともに，登記法は廃止
された（同法附則161条）。

　そして，不動産登記法の公布を受けて，不動産登記法施行細則（明治32年
司法省令第11号）が制定された。

　　c　土地の登記簿は，表題部及び甲区・乙区・丙区・丁区・戊区の五区に
分かれていた（旧不登法16条1項）。また，建物の登記簿は，表題部及び甲
区・乙区・丙区・丁区の四区に分かれていた（旧不登法17条1項）。

　　d　不動産登記法に基づく登記簿は，同法施行後に新たな登記の申請があ
った都度，当該申請に係る不動産について，旧登記簿（登記法に基づく登記
簿）から，「登記用紙中表示欄ニ不動産ノ表示ヲ移シ」，「相当区順位番号欄
及ヒ事項欄」に現に効力を有する登記事項を，新登記簿に移記した（同法
163条。別掲【旧登記簿からの移記事項】参照）。

第一章　総　　説

【旧登記簿からの移記事項】

表題部（土地の表示）		甲区（所有権）			
表示番号	表示　欄	順位番号	事　項　欄		
			壱（旧弐番）	弐番	参番
壱	何郡三ケ所村大字三ケ所字鳥越参七四五番 畑　五畝弐参歩 **右明治四参年壱〇月弐六日旧登記簿第弐四冊 第四〇丁ヨリ移ス㊞**		明治参壱年五月五日登記 同日付家督相続譲与証書二依リ何郡三ケ所村大字三ケ所参番地甲野平太郎ガ甲野仲蔵ヨリ取得シタル所有権ヲ登記ス **右明治四参年壱〇月弐六日旧登記簿第四弐冊 第弐五丁ヨリ移ス㊞**	移転 昭和弐年八月弐壱日 第四弐壱号 受付 原因　昭和壱年五月弐六日家督相続 何郡三ケ所村大字三ケ所参四七七番地 甲野　三郎 右登記ス㊞	移転 昭和弐年八月弐壱日 第四弐壱号 受付 原因　昭和壱年八月壱日贈与 何郡三ケ所村大字三ケ所参弐六番地壱 乙野次郎 右登記ス㊞

　e　しかし，新たな登記申請の都度，旧地所登記簿から移記して新土地登記簿を調製するという取扱いの下では，すべての不動産について新法による登記簿を調製することができないため，昭和17年，「旧登記簿ノ移記及廃棄方ニ関スル件」が発出され，登記官が職権で新登記簿に移記することができること，移記済みの旧登記簿は，適宜廃棄すること，とされた（昭和17年6月13日民事甲第446号民事局長通達）。

　その後，昭和32年，「旧登記簿の移記及び廃棄方について」が発出され，旧登記簿からの移記作業を計画的に実施すること，移記完了後の旧登記簿で保存上弊害を生ずるものは，適宜廃棄して差し支えないこと，とされた（昭和32年11月28日民事甲第2251号民事局長通達）。

(3)　不動産登記法の改正

ア　登記用紙の改正

　a　大正2年法律第18号による改正により，登記用紙は，表題部，甲区（所有権）及び乙区（所有権以外の権利）となった。また，5個以上の不動産を目的とする抵当権設定登記を申請する場合は，共同担保目録を提出することとされた。共同担保目録制度の始まりである。

第二節　表示登記の沿革

イ　登記簿のバインダー化

a　当時の登記簿は，大福帳式で，登記用紙の加除ができない構造であり，地番区域ごとに調製され，登記番号（Q21（120ページ）参照）の順に編てつされていた。このため，抵当権設定登記とその登記の抹消が煩雑に繰り返されている（注）ような登記事項の多い不動産は，複数の登記簿に分属して登記されていた（Q20（98ページ）参照）。

b　昭和26年法律第150号による不動産登記法の改正により，登記簿を，登記用紙の加除が可能なバインダー式の帳簿とした。全国の登記所で，大福帳式登記簿をバラバラにして，地番，家屋番号順にバインダー式登記簿に編てつ替えを行う作業（登記簿バインダー化作業）は，昭和26年から10年計画で実施された（Q23（131ページ）参照）。

ウ　登記簿・台帳の一元化

a　登記簿のバインダー化作業の完了を待って，昭和35年法律第14号による不動産登記法の改正により，昭和35年4月1日から，表示に関する登記制度が創設されるとともに，土地台帳法及び家屋台帳法が廃止された。

b　しかし，改正法を施行する前提として，全国の登記所で，台帳の登録内容を登記簿の表題部に改製する作業（登記・台帳の一元化作業）が必要である（Q24（136ページ）参照）。この作業は，法務大臣が指定した登記所ごとに，計画的に実施され，昭和45年に全国のすべての登記所で完了した。

c　表示に関する登記は，登記所ごとに，一元化指定期日の翌日から施行された。

(4)　区分所有法の制定

a　建物の区分所有者等に関する法律（昭和37年法律第69号）の制定に伴い，同法附則において不動産登記法の改正が行われ，登記用紙の改正，区分建物の登記手続の新設等が図られた。これにより，一棟の建物の登記簿の中にミニ登記簿（専有部分の登記簿。いわゆる「青タン」登記用紙）が設けられた。

b　その後，昭和58年法律第51号をもって建物の区分所有等に関する法律及び不動産登記の一部を改正する法律が制定された。これにより，不動産登記手続の合理化等を図るため，専有部分と敷地利用権とは原則として分離して処分することができないこと等とされるとともに，専有部分と敷地利用権

第一章　総　　説

とが一体化した場合における区分建物及びその敷地に関する登記手続について所要の規定が設けられた。

(5)　**登記事務のコンピュータ処理**

a　昭和63年法律第81号による不動産登記法の改正により，登記事務の全部又は一部をコンピュータによって処理することができることされ，最初の登記所で，登記情報システムが稼働した。

以後，全国の登記所で，ブック登記簿の登記事項をコンピュータ登記簿のデータに書き換える作業（移行作業）を，法務大臣が指定した登記所ごとに計画的に実施し，移行作業が完了した登記所ごとに，コンピュータ処理が開始された。

b　登記事務のコンピュータ処理の進捗状況に加えて，オンライン申請手続の導入に伴う登記申請手続，登記簿及び地図の電子化等のため，平成16年法律第123号をもって不動産登記が全部改正された。

なお，平成20年に，全国すべての登記所でコンピュータ処理を開始した。

(6)　**筆界特定制度の導入**

a　平成17年法律第29号による不動産登記法の改正により，土地の所有権の登記名義人等の申請に基づいて，筆界特定登記官が，外部専門家（筆界調査委員）の意見を踏まえて，現地における土地の筆界の位置を特定する筆界特定制度が創設された。

（注）　根抵当権（民法398条の２以下）が判例で認められる前にあっては，融資を受ける都度，抵当権設定の登記を申請し，また被担保債権返済の都度，抵当権設定登記の抹消を申請しなければならなかった。

Q 15　土地台帳とはどういうものか。

A　土地台帳は，明治22年に，土地の状況を明らかにするとともに，課税標準価格及び税額を登録するために税務官署に備え付けられ，昭和25年７月に税務署から登記所に移管された後，昭和35年法律第14号により登記簿・台帳の一元化が図られ，廃止されたが，事実

56

上，登記所で保管されている。

⊞ 解 説

(1) 土地台帳規則の制定

　a　地租改正事業の全国的な竣功を踏まえて，明治政府は，地租条例（明治17年３月太政官布告第７号）を公布し，地租改正条例及び地租改正に関する条規を廃止した。

　そして，明治政府は府県に対して，地租ニ関スル諸帳簿様式（明治17年12月大蔵省達第89号）を達し，府県管内の戸長役場に，新たに土地の沿革及び反別・地価・地租等を明らかにするため，土地台帳（別掲【土地台帳様式（地租ニ関スル諸帳簿様式）】参照）を備え付けた。土地台帳の編制作業は，明治21年中にはおおむね全国的に完成を遂げた（福島正夫「地租改正の研究」〔増補版〕506頁）。この土地台帳が，現在，市町村に保管されている旧土地台帳である（別掲【市町村備付けの土地台帳】参照）。

　b　一方，明治政府は，土地台帳規則（明治22年勅令第39号）を制定し，地租に関する事項を登録するため，市の土地台帳は府県庁，町村の土地台帳は島庁郡役所においてそれぞれ備え付けてその事務を取り扱うこと，登記所は所有権移転及び質入の登記をしたときは10日内（明治22年５月７日司法省令第３号）に土地台帳所管庁に通知すべきこと，とした。

　そして，土地台帳規則施行細則（明治22年大蔵省令第６号）を制定し，土地台帳は，市町村毎に区別し，土地の字，番号，地目，段別，等級，地価，地租，並びに所有者及び質取主の住所・氏名を登録すること，土地台帳記載の所有者及び質取主の住所及び氏名に異動を生じたときは届出をすべきこと，土地台帳謄本を請求することができること，とした。

　c　土地台帳規則に基づく土地台帳は，明治22年７月１日大蔵省訓令第49号によってその様式が示され（別掲【土地台帳様式（土地台帳規則）】参照），大蔵省主税局から配布された。この土地台帳は，前掲地租ニ関スル諸帳簿様式に基づき，町村役場で調整した土地台帳を台本として，整備が図られた（福島・前掲書507頁）。この土地台帳が，現在，登記所に保管されている旧土地台帳である（別掲【登記所備付けの土地台帳】参照。この土地台帳は，別掲【市町村備付けの土地台帳】に掲げた土地と同一の土地に関するものである。）。

第一章　総　説

【土地台帳様式（地租ニ関スル諸帳簿様式）】

第拾九号

土地台帳

何国何郡何村　某村

	一字　畑何 反別 地外内別 地価第壹番番 三拾五円段番何 金拾此歩歩等 円畦何畝ヶ 地租畝 金七拾 五銭	年地券 月番書 日換 事由 国 町郡部 村区名 所有者氏名		
公				
認				
事				
由				

等級地目	段別	地価	地租	名内反称別	名外反称別	沿革事由
三等田	壹反歩	五拾円	弐円廿五銭	五ヶ畦歩	畦歩	明治何年何月地目変換許可司 地価修正
三等田荒地	五畝歩	弐拾五円	六拾弐銭五厘	五畦歩	五畦歩	明治何年何月免租年季リ何年何季迄
三等田	五畝歩	弐拾五円	六拾弐銭五厘	何ヶ五畦歩	五畦歩	現在地
低価田	五畝歩	弐拾円五拾銭	弐拾壹銭三厘	畦五歩	畦歩	明治何年何月許可司荒地
三等田	壹反歩	五拾円	壹円廿五銭	何ヶ五歩	畦拾歩	明治原明治年地価弐拾五此二復五地租三円三銭玆ニ合五拾現六季
三等田	四畝歩	弐拾五円	八拾銭五厘	何ヶ五歩	畦八歩	明治記本付乙二月載第以号分附ヲ売買季六年次裂ニ二地低地付租価新分ヲ拾日此
三等田	三畝歩	拾五円	三拾七銭五厘		畦弐歩	現在地

第二節　表示登記の沿革

【市町村備付けの土地台帳】

字　何

一田　第千九百八十七番ノ一　九等甲　六等
　　　三畝拾歩　外七歩　畦畔
此地価　金拾六円八銭七厘
此地租　金四拾銭弐厘

公認事由

地券書替年月日	事由	国郡区町村名	所有者氏名
			A某
明治十九年三月十九日	売買	何国同郡同村	B某
	相続	同国同郡何村	C某
大正九年一月十五日	同		D某
大正九年四月十五日	売買ニ因ル所有権移転	何郡何村	E某
大正九年七月二十七日	所有権移転ニ因ル	何郡何村	F某
大正九年七月二十七日	売買ニ因ル所有権移転	何郡何村	G某
昭和十一年二月二十五日	所有権移転ニ因ル	大字五九七何	H某
昭和十一年十月三十日	売買ニ因ル所有権移転	大字五九七何	I某
昭和十三年七月十九日	所有権移転ニ因ル	大字二六九何	J某

地券書替年月日	事由	国郡区町村名	所有者氏名

沿革

地目等級	段別	地価	地租	内反別名称	外反別名称	沿革事由
田	三一五	拾五円三拾一銭九厘	三拾八銭三厘		畦畔七歩	明治三十一年法律第一号田畑地価修正法ニ依リ修正
八五	三一五	一三、〇四〇	、三三〇			明治三十一年法律第三十二号ニ依リ増徴地租　一〇〇
八〇		一〇、五〇	七、〇〇			昭和六年三月法律第廿八号ニ依リ地価ヲ賃貸価格ニ改ム
田 八〇	三、一九	七、四八〇、〇〇 六、八〇	七歩			昭和十一年法律第三六号ニ依リ賃貸価格ニ改記ス本欄ニ改記ス　昭和二十二年十二月十二日分筆本番ヲ附シ次号ヘ登記ス

第一章　総　　説

【土地台帳様式（土地台帳規則）】

（表中△印ヲ付スルハ朱字又「イ」「ロ」ノ印ハ「イ」ヨリ「ロ」ニ向テ朱ノ双線ヲ引ク事ヲ意味ス）

項目	畑	田	田	田	田	田
字						
地番						
地目	畑	田	田	田	田	田
段別段	イ 三〇〇〇	イ 五〇〇〇 五〇〇 一二五〇	イ 二五〇〇 五〇〇 六二五	イ 一〇〇〇 三一三	イ 五〇〇 一〇〇〇	イ 一五〇〇 三〇〇
地価円／地租円段	七五〇		六二五	三一三		一五三〇 三七五
名称 内歩	木立	五歩	五歩	五歩	五歩	五歩
名称 外歩	畦畔	拾歩	拾歩	五歩	拾歩	弐歩
沿革	価格修正 明治年月日許可地目変換地	明治年月日荒地起返何年迄 段別六畝弐拾五歩地価五円厘荒地免租年期何ヨリ何迄	明治年月日荒地起返現在トス 段別弐畝拾歩地価五銭 低価復旧掲記ス	左厘価七歔弐拾五歩地価付本番明治何年月日地分割外八号ロシ 低価復旧掲記ス	段別七歔内五歩参拾五歩地価五円分租六年月日地分裂八号ロシ 売渡付明治五年地価五円本番乙号ヲ付ス	次葉ニ掲記ス 拾何何七厘五銭付内五歩ヲ付シ
登記 年月日	明治　年　月　日年	明治　月　日年	明治　月　日年	明治　月　日年	明治　月　日年	明治　月　日年
事故	質取	買得				
等級	△五等六等合併					
所有主 住所	何々県府 何々郡市 何々町村 （大字何々）番地					
所有主 氏名	何　△何　何某					

地番：△百十五番百十六番合併

備考

○他ノ地目ハ之ニ倣ヒ地番号順ニ調製スヘシ
○本帳ハ大字（町村）限リ区分シ一冊ノ紙数凡二百葉トス
○氏名ノ上欄ニ示セル住所ノ記載例ハ土地所在ノ管内ニシテ他市在籍ノモノハ其府県名ヲ除キ同郡内ニシテ他町ノモノハ市町ヲ除キ同村ノモノハ（県府）（市）（町）（村）名ヲ記載スルニ及ハス

【登記所備付けの土地台帳】

字　何／地番　千九百八十七番ノ一／等級　九等甲　八五級～八〇級

項目	①	②	③	④	⑤	⑥	⑦	⑧
地目	田	田	田	田	田	田	田	田
反別・地価（円）・地租（円）	三一五／一五三一九	三八三／一五三一九	三一〇	三一五／一三〇四〇	三三〇／一〇五〇	七〇〇		三一九／六八〇
内歩・外歩（名称）	七歩／七歩　畦畔	七歩／七歩　畦畔						七歩　畦畔
沿革	明治三十一年法律第三十一号田畑地価修正ニ付次欄ニ改記ス	明治三十一年法律第一〇号ニ依リ増地租、賃貸価格ヲ改メ次欄ニ改記ス	昭和六年三月法律第廿八号ニ依リ地価ヲ賃貸価格ニ改訂シ次欄ニ改記ス	昭和十一年六月法律第三六号ニ依リ賃貸価格ヲ改訂シ次欄ニ改記ス				昭和二十二年十一月六日分筆ニ付本番二ヲ付シ別紙ニ登録ス
登記年月日	明治十五年十一月十三日	大正十一月十五日	同四月十五日	大正七年二一日	昭和二年二月十七日	昭和三十二年三月二十日㊞	昭和三十三年七月十九日㊞	明治　月　日
事故	家督相続	移転所有権	売買	移転所有権	保存所有権	相続	移転所有権	
所有主（質取主）住所		何村　一二五	何村	何郡何町大字何　一六	何町何　三九七	三、五九七	二二六九	
所有主（質取主）氏名	C　某	D　某	E　某	F　某	G　某	H　某	I　某	J　某

第一章　総　説

　d　土地台帳は，各筆の土地について，その所在，地番，地目，地積，所
有者を登録して，土地の現況を明らかにするとともに，税務官署において調
査決定した土地の地価，地租等を登録した。土地台帳は，いわば地租徴収の
ための課税台帳であった。

　土地台帳に登録されている土地所有者の変更は，その所有権移転の登記
後，登記所から税務官署に対する登記済通知（制定時の不登法11条）によっ
て土地台帳に登録されるのが原則である一方，土地について最初に登記をす
る場合（所有権保存の登記をする場合）は，原則として土地台帳の謄本によ
ってその状況を明らかにすることが必要とされていた（制定時の旧不登法
105条1号）。そして，土地の表示に異動を生じた場合（土地の分筆・合筆，
地目変換等があった場合）は，まず土地台帳において異動を申告し，その異
動登録後の土地台帳謄本を添付して土地の表示の変更の申請することとされ
た（大正2年法律第18号による改正後の旧不登法79条，80条）。

(2)　地租法の制定

　a　大正15年，地租の課税標準価格は，従前の地価から賃貸価格制に改め
るため，土地賃貸価格調査法に基づいて全国の賃貸価格が決定された。これ
を受けて，地租法（昭和6年法律第28号）が制定されるとともに，地租条例
（明治17年太政官布告第7号）は廃止された（地租法91条）。

　b　地租法の制定を受けて，地租法施行規則（昭和6年勅令第47号）及び
地租法施行細則（昭和6年大蔵省令第6号）が制定された。

　c　地租法に基づく土地台帳は，従前の土地台帳が同法による土地台帳と
みなされた（地租法101条）。

(3)　税務署の発足と土地台帳の移管

　a　地租に関する事務は，当初は府県が行っていた。

　b　日清戦争（明治27年，28年）後の財政支出の増大に伴い，登録税，営
業税等を新設して増税が図られたのを機に，徴税の地方機関が府県に属する
ことは課税の公平を図りがたいとして，徴税の地方機関を大蔵省の直轄機関
とすることとなり，全国に税務管理局及び税務署が設置された（明治29年勅
令第337号）。

　c　当時，地租に関する事務は府県の収税部及び収税署が所管していたた
め，税務管理局及び税務署の設置に伴い，収税部及び収税署の人員及び事務

は，税務管理局及び税務署に引き継がれた。

⑷　土地台帳法の制定

a　戦後に至り，昭和22年4月，地方税法（昭和15年法律第60号）の改正によって，地租は，家屋税とともに国税から府県税とされた。しかし，土地の賃貸価格は，家屋とともに，引き続き税務署において決定し，土地台帳は，家屋台帳とともに，依然として国の機関である税務署において備えることとされた。

b　そこで，地租法は廃止される（昭和22年法律第29号29条1号）とともに，土地台帳法（昭和22年法律第30号）が制定された。

地租法に基づく土地台帳は，土地台帳法による土地台帳とみなされた（土地台帳法附則2条）。

⑸　税務署から登記所への土地台帳移管

a　昭和24年のシャウプ勧告による税制改正において，府県税である地租は，家屋税とともに廃止され，新たに，市町村が土地・家屋の所有者に対して固定資産税を課し，その課税標準は，市町村長が決定する土地・家屋の価格によることとされた。このため，国の機関である税務署が土地台帳に関する事務を取り扱う必要がなくなった。

b　そこで，昭和25年7月，土地台帳法等の改正（昭和25年法律第227号）によって，土地台帳（別掲【土地台帳】参照）は，家屋台帳とともに，税務署から登記所に移管された。

第一章　総　説

【土地台帳】

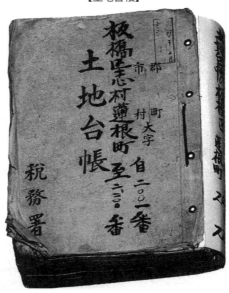

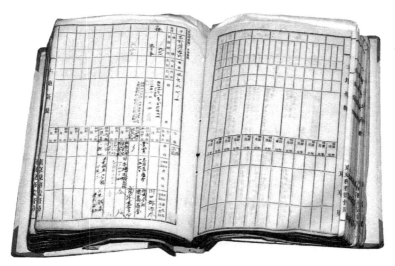

法務省民事局編「写真で見る不動産登記百年史」より

第二節　表示登記の沿革

　c　その後，不動産登記法等の改正（昭和35年法律第14号）によって，不動産の表示に関する登記制度が新設されるとともに，土地台帳法及び家屋税法は廃止された。

　しかし，土地台帳は，「当分の間保存するものとする」とされ（登記簿・台帳一元化実施要領（昭和35年4月1日民事甲第685号民事局長通達）第19第2項），現在に至っている。

Q 16　市町村の土地台帳の写しとはどういうものか。

A　土地台帳の原本は税務官署に備え付けられていたが，市町村が地租の徴収事務を行っていたこと等の理由から，明治以来，市町村に土地台帳の副本が備え付けられていた。

解説

　a　明治政府は，明治11年7月，郡区町村編制法（明治11年太政官布告第17号）を制定し，地方を画して府県の下に郡区町村を置くこと（1条），郡町村の区域及び名称は従前のとおりとすること（2条），郡には郡長1人を置くこと（5条），毎町村又は数町村に戸長1人を置くこと（6条本文）とした。

　そして，明治21年4月，市制・町村制（明治21年法律第1号）を制定し，戸長は廃止された。また，郡制は，大正12年4月1日に廃止された（大正10年法律第63号）。

　b　明治政府は，府県に対して，地租ニ関スル諸帳簿様式（明治17年12月大蔵省達第89号）（Q15別掲【土地台帳様式（地租ニ関スル諸帳簿様式）】（58ページ）参照）を達し，府県管内の戸長役場に，新たに土地の沿革及び反別・地価・地租等を明らかにするため，土地台帳を備え付けることとした。（Q15別掲【市町村備付けの土地台帳】（59ページ）参照）

　戸長役場に土地台帳の副本を備えた趣旨は，国税徴収法（明治22年法律第9号）第2条が，「市町村ハ其市町村内ノ地租ヲ徴収シテ之ヲ金庫ニ納付スルノ義務アルモノトス」と規定していたことから，市町村は，その市町村内

65

第一章　総　説

の国税である地租について，その徴収事務を負っていたためではないかと推察される。

　　c　地租法施行規則（昭和6年勅令第47号）第5章「地租徴収」第19条は，「市町村ハ其ノ市町村内ノ土地ニ付土地台帳ノ副本及地租名寄帳ヲ設備スベシ」と規定し，地租法施行細則（昭和6年大蔵省第6号）附則第3項は，「土地台帳（副本ヲ含ム）及地租名寄帳ノ書式ニ付テハ当分ノ内従前ノ例ニ準ズルコトヲ得」と規定していた。したがって，前掲地租ニ関スル諸帳簿様式に基づき戸長役場に備え付けられた土地台帳が，地租法における市町村備付けの土地台帳とされた。

　　そして，税務署は，字，地番，地目，反別，等級及び地価の変更等市区町村の土地台帳に変更を生ずべき事項に関する処分をした場合は，市町村に通知をすべきこととされていた（地租事務規程（大正3年3月28日東京税務監督局長訓令第20号）第13条）。

　　一方，地租事務規程（昭和10年8月1日東京税務監督局長訓令第6号）第259条は，「申請書又ハ申告書ハ其ノ土地所在ノ市区町村ヲ経由シテ提出セシムヘシ但シ特別ノ事由アリテ市区町村ヲ経由セサルモノニ付テハ当該書類ニ其ノ事由ヲ記載シ之ヲ受理スルモ妨ケナキモノトス」と規定していた。したがって，所轄税務署長に対する土地台帳の申告は，原則として，市町村を経由することとされていた（別掲【土地台帳申告書】右下経由の印版参照）。

第二節　表示登記の沿革

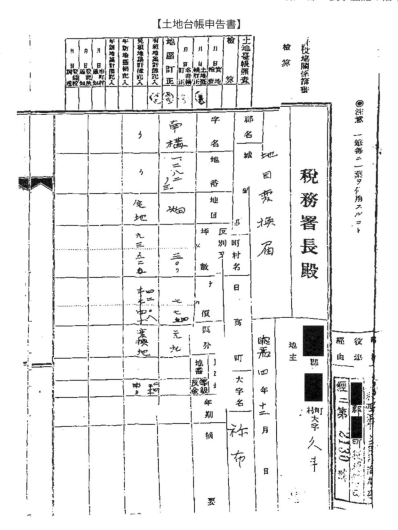

　d　土地台帳法（昭和22年法律第30号）においても，第38条は，「政府は，土地台帳に登録すべき事項につき異動があったときは，これを市町村長に通知しなければならない。」と規定し，また，土地台帳法施行規則（昭和22年勅令第113号）第7条は，「土地の異動に関し，法第十八条，第十九条，第二

第一章　総　　説

十六条又は第三十二条の規定により申告しなければならない者は，左に掲げる事項を記載した申告書を，当該土地所在の市町村を経由して，当該土地の所在地の所轄税務署長に提出しなければならない。」と規定していた。

　　e　土地台帳が税務署から登記所に移管された後の土地台帳法（昭和25年法律第227号による改正後）第37条の4は，「市町村は，その市町村内の土地につき，土地台帳の副本を備えなければならない。」と規定していた。

　　そして，土地台帳事務取扱要領（昭和29年6月30日民事甲第1321号民事局長通達）は，土地台帳又は地図の全部又は一部が虫害等により滅失する虞がある場合において，字画不明瞭で，地番，地積等その正確を期し難いものがあるときは，登記官吏は，市町村備付けの土地台帳の副本により調査した上で移記すること（第15第2項第3号），土地台帳が滅失した場合において，市町村に土地台帳の副本があるときは，これにより再製すること（第17第1項第1号），とされていた。

　　f　一方，昭和25年以降は，市町村は，土地の所有者に対して固定資産税を課し（地方税法5条2項2号，341条以下），土地課税台帳等を固定資産課税台帳を備え付けることとされた（同法380条1項，341条9号）。

Q 17　家屋台帳とはどういうものか。

A　家屋台帳は，昭和17年に，家屋の状況を明らかにするとともに，課税標準価格及び税額を登録するために税務署に備え付けられた。家屋台帳は，昭和25年7月に税務署から登記所に移管された後，昭和35年法律第14号により登記簿・台帳の一元化が図られ，廃止された。

解説

(1)　家屋税法の制定

　　a　登記制度においては，建物は，当初から土地とともに登記簿が設けられていた。

　　しかし，建物は，家屋税法（昭和15年法律第108号）施行までは，国税の

68

第二節　表示登記の沿革

対象とはなっていなかったため，税務官署において家屋台帳は調製されていなかった。

　ｂ　昭和15年に制定された家屋税法に基づき，家屋に対して家屋税を課することとなり，家屋の賃貸価格の決定のために全国の税務署に家屋台帳が備え付けられた。

　ｃ　家屋とは，「住家，店舗，工場，倉庫其ノ他ノ建物」をいい（家屋税法２条），税務署に家屋台帳を備え，家屋の所在，家屋番号，種類・構造・床面積，賃貸価格，及び所有者の住所・氏名を登録し（同法５条），家屋税の課税標準は家屋台帳に登録された賃貸価格とされた（同法６条１項）。

　家屋台帳の様式は，家屋税法施行細則（昭和15年大蔵省令第51号）第３号様式（別掲【家屋台帳様式】参照）により調製し，家屋台帳はおおむね200葉で１冊とし，家屋番号の順に編てつされた。

第一章　総　説

【家屋台帳様式】

附録第一号

家屋台帳

区市郡　町村　大字

法務局

家屋台帳　初葉

区分				家屋明細	価格（決定年度）			床面積	家屋番号	家屋の所在
構造					（　　　）			坪		
					（　　　）				番	
		一階	床面積		（　　　）			沿革	種類	
		坪			（　　　）					
		一階以外			（　　　）					
		坪			（　　　）	年月日	年月日 年月日 年月日 年月日	登記年月日		
		計			（　　　）			事由		
		坪			（　　　）			住所	所有者	
					（　　　）					
				摘要	（　　　）			所		
					（　　　）			氏名		番地

70

区分	構造	床面積			摘要
		一階 坪	一階以外 坪	計 坪	

家屋台帳 次葉

　d　家屋番号の付番方法について，家屋税法施行規則（昭和15年勅令第467号）第3条は，「大字，字又ハ之ニ準ズベキ地域毎ニ起番シテ之ヲ定ム」と規定した。すなわち，家屋台帳の家屋番号は，敷地と同一の番号を付するのではなく，家屋番号の起番区域ごとに家屋台帳登録の順序により1番から起番した通し番号を付したのである。

　なお，家屋税法の施行（昭和17年4月1日）に伴い，建物登記簿と家屋台帳との関係を調整するため，建物の登記簿に家屋番号を登記する等の措置が講じられた（昭和17年法律第66号による旧不動産登記法の改正）。

　e　市町村は，その市町村内の家屋について，家屋台帳の副本及び家屋税名寄帳を備え付けることとされた（家屋税法施行規則25条）。

(2)　**家屋台帳法の制定**

　a　戦後に至り，昭和22年4月，地方税法（昭和15年法律第60号）の改正によって，家屋税は，地租と同様，国税から府県税とされ，家屋台帳法（昭和22年法律第31号）が制定された。しかし，家屋の賃貸価格は，土地とともに，引き続き税務署において決定することとされ，家屋台帳は，土地台帳とともに，依然として国の機関である税務署において備えることとされた。

　b　家屋台帳法に基づく家屋台帳は，従前の家屋台帳が同法による家屋台

第一章　総　　説

帳とみなされた（家屋台帳法附則２条）。

(3)　税務署から登記所への家屋台帳移管

　　a　昭和24年のシャウプ勧告による税制改正において，府県税である家屋税は，地租とともに廃止され，新たに，市町村が土地・家屋の所有者に対して固定資産税を課し，その課税標準は，市町村長が決定する土地・家屋の価格によることとされた。このため，国の機関である税務署が家屋台帳に関する事務を取り扱う必要がなくなった。

　　b　そこで，昭和25年７月，土地台帳法等の一部改正（昭和25年法律第227号）によって，家屋台帳（別掲【家屋台帳】参照）は税務署から登記所に移管された。

　　c　その後，不動産登記法等の改正（昭和35年法律第14号）によって，不動産の表示に関する登記制度が新設されるとともに，家屋税法は廃止された。

　登記簿・台帳の一元化実施により移行作業を完了した家屋台帳で，登記簿の改正及び新設を完了すべき期日の翌日から５年を経過したものについては，倉庫の狭隘等諸般の事情を考慮して，法務局長・地方法務局長限りで廃棄して差し支えないとされた（昭和45年11月26日民事甲第4666号民事局長通達）。

第二節　表示登記の沿革

【家屋台帳】

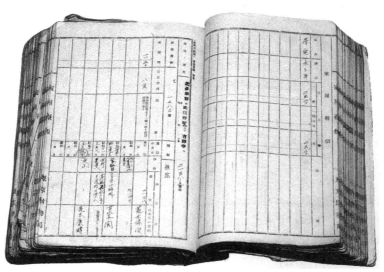

法務省民事局編「写真で見る不動産登記百年史」より

第一章　総　　説

Q 18　旧表題部とは何か。

A　昭和35年法律第14号による改正前の登記簿は，登記された権利の
目的不動産を明らかにするため，所有権に関する登記の一部とし
て，甲区（左側）と同一の登記用紙の右側に，所在，地番，地目及
び段別（土地）又は所在，構造，建坪及び附属建物（建物）等を記
載する表題部が設けられていた。上記法改正により，改正後の表題
部を新設するとともに，従前の表題部は，その表示欄の余白に「表
題部改製」の旨を記載した。この従前の表題部を「旧表題部」と称
している。

解説

　a　不動産登記法制定時の土地の登記簿は，その一登記用紙が，登記番号
欄，表題部及び甲区（所有権に関する事項）・乙区（地上権及び永小作権に
関する事項）・丙区（地役権に関する事項）・丁区（先取特権，質権及び抵当
権に関する事項）・戊区（賃借権に関する事項）の五区に分かれ，表題部に
は表示欄及び表示番号欄を設け，各区には事項欄及び順位番号欄が設けられ
ていた（制定時の旧不登法16条1項。Q20【土地登記簿（制定時）】（99ペー
ジ）参照）。そして，表示欄には土地の表示とその変更に関する事項を記載
し，表示番号欄には表示欄に登記事項を記載した順序の番号を記載した（同
法16条3項）。

　また，建物の登記簿は，その一登記用紙が，登記番号欄，表題部及び甲区
（所有権に関する事項）・乙区（地役権に関する事項）・丙区（先取特権，質
権及び抵当権に関する事項）・丁区（賃借権に関する事項）の四区に分かれ，
表題部には表示欄及び表示番号欄を設け，各区には事項欄及び順位番号欄を
設けられた（制定時の旧不登法17条1項。Q20【建物登記簿（制定時）】
（102ページ）参照）。そして，表示欄には建物の表示とその変更に関する事
項を記載し，表示番号欄には表示欄に登記事項を記載した順序の番号を記載
した（同法17条3項）。

　b　その後，大正2年法律第18号による法改正に伴い，旧不動産登記法施
行細則が改正され（大正2年司法省令第15号），登記用紙は，現行と同様，

第二節　表示登記の沿革

土地及び建物とも，表題部，甲区（所有権に関する事項）及び乙区（所有権以外の権利に関する事項）の1部2区制となった（Q20【登記簿（大正2年様式）】（105ページ）参照）。すなわち，一筆の土地又は一棟の建物の登記簿はそれぞれ3枚の登記用紙で構成され，一丁目登記用紙は，右側が表題部，左側が甲区，二丁目登記用紙は，右側が甲区の継続用紙，左側が乙区，三丁目登記用紙は，右側及び左側とも乙区の継続用紙となっていた。

　c　旧不動産登記法制定時の表題部に関する登記手続は，第四章「登記手続」の第二節「所有権ニ関スル登記手続」として，第79条から第102条までに規定されていた。ちなみに，土地の地目の変更や分筆・合筆等の登記手続について，第79条は，「土地ノ分合，滅失，段別若クハ坪数ノ増減又ハ地目，字若クハ番号ノ変更アリタルトキハ其土地ノ所有権ノ登記名義人ハ遅滞ナク其登記ヲ申請スルコトヲ要ス」と規定していた。また，建物の構造の変更や分割・合併等の登記手続について，第91条第1項は，「建物ノ分合，其番号若クハ構造ノ変更，其滅失，其建坪ノ増減又ハ附属建物ノ新築アリタルトキハ其建物ノ所有権ノ登記名義人ハ遅滞ナク登記ヲ申請スルコトヲ要ス」と規定していた。

　そして，土地の表示は，土地台帳に基づいて記載した（制定時の旧不登法105条1号参照）。また，建物の表示は，家屋台帳が設けられる前は建物の図面（別掲【建物の図面】参照）を提出させ（制定時の旧不登法107条本文，制定時の旧不登細則43条），家屋台帳が設けられた後は，家屋台帳に基づいて記載した（昭和17年法律第66号による改正後の旧不登法106条1号参照）。

第一章　総　　説

【建物の図面】

法務省民事局編「写真で見る不動産登記百年史」より

　　d　これら登記用紙の様式から明らかなように，表示に関する登記制度が
創設される（昭和35年法律第14号）前においても，権利に関する登記の対象
となっている土地又は建物の物理的な状態を明らかにするため，登記簿に
「表題部」の登記用紙が設けられていた。

　しかし，この「表題部」に関する登記は，所有権に関する登記の一部と観
念されていた。すなわち，初めて所有権に関する登記をする場合は，登記簿
の一丁目登記用紙の右側の表題部に当該所有権登記の目的となる土地又は建
物の表示に関する事項を記載するとともに，その左側の甲区事項欄に，申請
に係る所有権に関する登記をしたのである。

　　e　昭和35年法律第14号による法改正により，表示に関する登記制度が創
設されたことに伴い，土地台帳又は家屋台帳に基づき，改正後の登記用紙の
表題部（「新表題部」と称している。）を新設し，従前の表題部（「旧表題部」
と称している。）は，表示欄の余白に「表題部改製」の旨を記載した（登記

簿・台帳の一元化実施要領（昭和35年4月1日民事甲第685号民事局長通達）第20第1項。別掲【旧表題部】参照）。

【旧表題部】

表示番号	表示　欄	
壱	西白杵郡三ケ所村大字三ケ所字鳥越参七四五番 畑　五畝弐参歩 右明治四参年壱〇月弐六日旧登記簿第弐四冊第四〇丁ヨリ移ス㊞	表題部改製

　　f　この旧表題部の取扱いについては，その裏面が甲区でない場合（昭和26年法務府令第110号による改正後の旧表題部。別掲【昭和26年法務府令第110号様式による旧表題部】参照）は，一元化期日指定の後に当該土地又は建物につき所有権の登記名義人が申請した権利に関する登記（登記名義人の表示変更登記を含む。）をした時に，当該登記簿から除去した（前掲要領第20第2項本文）。

第一章　総　　説

【昭和26年法務府令第110号様式による旧表題部】

	地番家屋番号			枚数
表題部（不動産の表示）		表題部（不動産の表示）		2
	表示番号		表示番号	3
				4
	事項欄		表示欄	5
				6
				7
				8
	表示番号		表示番号	9
				10
	事項欄		表示欄	11
				12
				13
				14
	表示番号		表示番号	15
				16
	事項欄	丁	表示欄	17
				18
				19
				20

　これに対して，表題部の裏面が甲区である場合（大正２年司法省令第24号による改正後の旧表題部。別掲【大正２年司法省令第24号様式による旧表題部】）については，そのまま存置することとされた（前掲要領第20第２項ただし書）。

【大正２年司法省令第24号様式による旧表題部】

			號　　第	番登號記
甲		土地登記簿	表　題　部（土地表示）	
	番順號位			番表號示
	事項欄			表示欄
	番順號位			番表號示
	事項欄			表示欄
	番順號位			番表號示
	事項欄	丁		表示欄

　　g　旧表題部の記載内容は，登記簿・土地台帳一元化前に，権利に関する登記の前提として，土地台帳の謄本に基づいて登記されたものであるから，土地台帳を確認すれば，あえて閉鎖された登記簿の旧表題部まで調査する必要はない。しかし，稀に，土地台帳に記載されていない内容（表示の変更・更正の登記事項）が旧表題部に登記されていることがあるので，筆界調査等のため閉鎖登記簿謄本の交付を請求する場合は，費用も手数も変わらないことから，「旧表題部を含めた」ものを請求することが望ましい。

　　なお，裏面が甲区である登記用紙の旧表題部に「表題部改製」の旨の記載のある登記簿について複写機を用いて謄本を作成する場合，その旧表題部は謄写しないのが原則であるが，訴訟や取引等の必要から「表題部改製」の旨を記載のある旧表題部を含めて謄写の請求があった場合は，便宜これに応じて差し支えなく，この場合の認証文は「右は登記簿の旧表題部を含めた謄本

第一章 総　説

である」と記載することとされている（昭和37年8月2日民事甲第2221号民事局長回答）。

Q 19　自作農創設特別措置登記令による登記の特例とは何か。

A　農地改革による国への所有権移転の登記は，買収登記嘱託書を土地買収登記嘱託書綴込帳に編てつすることによって，土地買収登記嘱託書綴込帳が登記簿とみなされ，その記載は登記の効力を有するとされた。そして，登記簿とみなされた買収登記嘱託書綴込帳と登記簿との関連付けをするため，登記簿の表題部欄外に「自農法による買収登記嘱託書綴込帳第何冊第何丁」と記載した。これが「耳書き登記」といわれるものである。

解説

(1)　自作農創設特別措置法及び自作農創設特別措置登記令の制定

　a　戦後の占領下，耕作者の地位を安定し，その労働の成果を公平に享受させるため自作農を急速かつ広汎に創設し，農業生産力の発展と農村における近代化の促進を図ることを目的とする農地改革を実施するため，自作農創設特別措置法（昭和21年法津第43号。以下，本問において「自農法」という。）が制定された。

　b　これにより，①不在地主のすべての小作地，②在村地主の小作地のうち1町歩（北海道は4町歩）を超えるすべての小作地，③所有地の合計が北海道で12町歩，都府県で3町歩を超える場合の小作地等については政府が強制的に安値で買い上げ，これを実際に耕作していた小作人に売り渡された（注）。

　c　この農地改革に伴う農地の権利変動は，最終的には登記によって公示されるのであるが，農地改革に伴う登記は，その対象農地数が膨大であり，しかも地主から国への買収と国から小作人への売渡という2回の所有権移転の登記のほかに，土地の用益権及び担保権の消滅及び設定，土地の分筆，合筆の登記が併せて行われることになる結果，原則的な手続によっていたの

80

では，国家的事業を達成することができない。

このため，自作農創設特別措置法第44条の規定を受けて，農地改革に伴う不動産登記手続の特例とし自作農創設特別措置登記令（昭和22年勅令第79号。以下，本問において「自農登記令」という。）が制定された。

⑵ **買収による登記嘱託手続**

a 自作農創設特別措置法の規定に基づいて不動産に関する権利を買収した場合における権利取得の登記の嘱託は，都道府県知事が行う（自農登記令3条1項。別掲1―1【土地買収登記嘱託書①】（82ページ）参照）。

b この権利取得の登記を嘱託する場合には，買収登記嘱託書（以下，本問において「買収嘱託書」という。）の「登記原因及びその日付け」欄に自作農創設特別措置法第何条の規定により買収した旨を記載し，買収の当時当該権利を有した者が登記名義人と同一でないときは嘱託書の「登記名義人の表示」欄には，登記名義人の表示とともに，当該権利を有した者の氏名・住所を記載する（自農登記令5条1項。別掲1―2【土地買収登記嘱託書②】（83ページ）参照）。

c 政府が買収した農地については，政府の所有権を除く一切の権利が原則として一応消滅するものとされた（自農法12条1項）。しかし，当該農地について，賃借権，地上権，永小作権に基づいて耕作（小作）されている場合は，一旦消滅させたこれら権利は，従前と同一の条件をもって復活（存続期間は従前の残存期間）させる（自農法12条2項）とともに，この復活する権利を目的とする抵当権等も復活するものとされた（同条3項）。

そこで，嘱託に係る土地の登記用紙に所有権又は所有権以外の権利に関する登記（要役地地役権を除く。）があるときは，当該登記の抹消について登記すべき事項を，また，当該土地について政府の取得当時に既登記の賃借権，地上権，永小作権若しくは地役権又はこれらの権利を目的とする抵当権等があって自作農創設特別措置法の規定によりこれらの権利が設定されたものとみなされたときはこれら権利の設定について登記すべき事項を，それぞれ嘱託書の予備欄に，登記簿における従前の権利に関する登記の順序に従い，記載する（自農登記令5条3項。別掲1―3【土地買収登記嘱託書③】（84ページ）参照）。

第一章　総　説

（別掲１―１）【土地買収登記嘱託書①】

土地登記嘱託書

別紙の通り登記の嘱託をする。

右書面作成年月日昭和　年　月　日
なほ、買収令書謄本何通は、これを還付せられたい。
（註、買収令書謄本の還付請求をする場合に記載のこと）

年　月　日

何都道府縣知事　氏　名

印

何司法事務局（何司法事務局何出張所）御中

（新谷正夫「農地改革における登記」附録）

82

第二節　表示登記の沿革

（別掲１－２）【土地買収登記嘱託書②】

（買収）

（註一）年月日は、買収令書に記載された買収の時期を記載

（註二）登記官吏において記載

（註三）賣買、相續等により所有權が移轉していて、登記未了の場合から、買收當時の所有者として新所有者を買收した場合に、その場合に、相續人數を買收當時の所有者又は相續人として、相續人のすべての住所氏名及び持分を表示（中間登記省略）

登記事項			附屬書類
登記の目的	登記原因及びその日附	登記權利者の表示	買收令書謄本一通　買收令書受領書一通
所有權取得	年月日自作農創設特別措置法第三條の規定による買收（註一）	農林省	

物件の表示			備　考
大字　D	字　E	地番　一二三の一二三	
A　郡市區町村　B　町　田一反二畝十歩			
登記名義人の表示			
登記名義人　何郡市區町村何番地　何某	買收當時の所有者　何郡市區町村何番地　何某（註三）		

登記簿の冊數	登記番號	順位番號
三二二三四（註二）	（註二）	甲區　五（註一）

（新谷正夫「農地改革における登記」附録）

第一章　総　説

（別掲１―３）【土地買収登記嘱託書③】

（註一） 甲區順位一番に所有權保存、二番に所有權移轉の登記がある場合

（註二） 年月日は、買收令書に記載された買收の時期を記載

（註三） 登記官吏において記載

（註四） 乙區順位一番の賃借權の復活

（註五） 存續期間は、乙區順位一番の賃借權の殘存期間　その他の條件は右賃借權と同一

（註六） 年月日は、買收令書に記載されている買收の時期を記載

番順號位	豫　備　欄		登　記　の　目　的
	登記の目的たる權利の表示	登記原因及びその日附	
甲六**（註三）**	甲區順位三番の所有權移轉**（註一）**	年月日自作農創設特別措置法第十二條第一項の規定により消滅**（註二）**	所有權移轉假登記の抹消
甲七	甲區順位四番の競賣申立	同	競賣申立登記の抹消
乙四	乙區順位一番の賃借權	同	賃借權設定登記の抹消
乙五	乙區順位二番の抵當權	同	抵當權設定登記の抹消
乙六	乙區順位三番の抵當權	同	抵當權設定登記の抹消
乙七	左記賃借權**（註四）**　賃借權者　何郡市區町村何番地　某　存續期間**（註五）**　年月日より何箇年　借賃　一箇月金何圓　借賃の支拂時期　毎月末日　特約　賃借物の轉貸又は賃借權の讓渡ができない	年月日自作農創設**（註六）**特別措置法第十二條第二項の規定により設定	賃借權の設定

（新谷正夫「農地改革における登記」附録）

第二節　表示登記の沿革

(3) 買収による登記手続

　a　登記官は、都道府県知事からの買収嘱託書を受け取ったときは、受付帳に所要の記載をした（旧不登法47条1項）後、これを土地買収登記嘱託書綴込帳（以下、本問において「買収登記綴込帳」という。別掲2【土地買収登記嘱託書綴込帳】参照）に、受付番号の順に編てつする（自農登記令10条1項）。この場合、登記官は、買収登記綴込帳に既に編てつした書面の末葉と、新たに編てつする買収嘱託書の初葉とのつづり目に職印をもって契印し、かつ、毎葉に丁数を付した（自作農創設特別措置登記令施行細則（昭和22年法務省令第23号。以下、本項において「自農登記細則」という。）3条）。

（別掲2）【土地買収登記嘱託書綴込帳】

法務省民事局編「写真で見る不動産登記百年史」より

第一章　総　　説

　　b　農地改革による買収は，一筆の土地ごとに個別的に行われるのではな
く，多数の土地について買収計画を定めて一挙に実施するものであり，した
がって，これに基く登記の嘱託も，登記原因又は登記の目的が同じでなくて
も，同一の嘱託書で，同時に，多数の土地について行った（自農登記令8
条）。

　　c　買収嘱託書が買収登記綴込帳に編てつされたときは，買収登記綴込帳
は登記簿の一部とみなされると同時に，買収嘱託書の本欄に記載された事項
及び買収嘱託書の予備欄に記載された事項は，編てつの時に，その登記がさ
れたものとみなされた（自農登記令10条2項）。そして，登記官は，買収嘱
託書を買収登記綴込帳に編てつしたときは，買収嘱託書の「登記簿の冊数」
欄及び「登記番号」欄に，該当土地の登記用紙を編てつした登記簿の冊数及
び登記番号を，また，買収嘱託書の「順位番号」欄に，該当する登記簿にお
ける登記の順位を追って，新しい順位番号を記載した（自農登記令10条3
項。別掲1—2，1—3【土地買収登記嘱託書②，③】参照）。

　　d　買収嘱託書が買収登記綴込帳に編てつされたときは，買収嘱託書の記
載された事項はその登記がされたものとみなされるから，買収嘱託書の予備
欄に，所有権又は所有権以外の権利に関する登記が記載されている場合（前
掲(2)のc参照），例えば差押登記の抹消事項，抵当権設定登記の抹消事項が
記載されている場合は，買収嘱託書を買収登記綴込帳に編てつすることによ
って，差押登記や抵当権設定登記の抹消が登記されたことになるので，理論
的には，改めて，既存の登記簿において，これら差押登記や抵当権設定登記
の抹消の手続を行う必要はないはずである。しかし，これでは，既存の登記
簿の記載内容の上からは，差押登記や抵当権設定登記が抹消されていないよ
うに見える。そこで，公示上の混乱を避けるため，登記官は，登記の抹消に
ついて登記すべき事項の登記があったとみなされたとき（説例の差押登記や
抵当権設定登記の各抹消）は，既存の登記簿におけるこれら抹消すべき登記
を朱抹するものとされた（自農登記令11条。別掲3【売渡登記後の登記簿の
記載】甲区順位参番・四番及び乙区壱番ないし参番参照）。

第二節　表示登記の沿革

（別掲３）【売渡登記後の登記簿の記載】

表　題　部　（土地の表示）						（表題部）
				壱弐参番壱	①地　番	所　在
				田	②地　目	何郡市区町村大字D字E
					③地　積　反　畝　歩　（坪）	
				壱		
				弐		
				壱〇		
					原因及びその日付け	
					登記の日付	
				㊞		

自農法による買収登記嘱託書綴込帳第何冊第何丁

第一章　総　　説

（甲区）

順位番号	事項欄
壱	所有権保存 昭和何年何月何日受付 第何号 所有者　何郡市区町村番地 　　　　甲某㊞
弐	所有権移転 昭和何年何月何日受付 第何号 原因　昭和何年何月何日家督相続 所有者　何郡市区町村番地 　　　　乙某㊞
参	所有権移転仮登記 昭和何年何月何日受付 第何号 原因　昭和何年何月何日売買 権利者　何郡市区町村番地 　　　　丙某㊞

順位番号	事項欄
四	強制競売申立 昭和何年何月何日受付 第何号 原因　昭和何年何月何日何地方裁 判所競売手続開始 債権者　何郡市区町村番地 　　　　丁丙某㊞
八	所有権移転 昭和何年何月何日受付 第何号 原因　昭和何年何月何日自作農創 設特別措置法第壱六条の規定によ る売渡 所有者　何郡市区町村番地 　　　　戊某㊞

第二節　表示登記の沿革

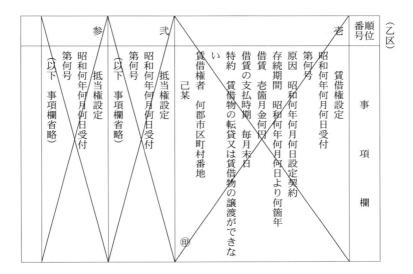

(4) 登記簿と買収登記綴込帳との関係付け

a　登記手続上あるいは公示上の観点から，登記簿と登記簿の一部とみなされた買収登記綴込帳との関係を明らかにしておく必要がある。

b　そこで，登記官は，買収嘱託書を買収登記綴込帳に編てつしたときは，当該土地の登記用紙中表題部の欄外に，「自作農創設特別措置法による買収があった旨並びにその買収に因る権利の取得の登記の嘱託書が編綴された綴込帳の冊数及び丁数を表示しなければならない」とされた（自農登記細則4条）。この取扱いは，表題部の欄外に記載すること，「表示」すると規定しているところから明らかなように，登記簿と買収登記綴込帳との関係付けを明らかにする便宜的手段にすぎず，本来の「登記」ではないことから，「自農法による買収登記嘱託書綴込帳第何冊第何丁」と記載した（別掲3【売渡登記後の登記簿の記載】表題部末尾欄外の記載参照）。これが「耳書き登記」といわれるものである。

89

第一章 総　　説

(5) 売渡による登記嘱託手続
　a　自作農創設特別措置法の規定により土地を売り渡した場合における所有権移転の登記の嘱託は，都道府県知事が行う（自農登記令3条1項。別掲4―1【土地売渡登記嘱託書①】参照）。

（別掲4―1）【土地売渡登記嘱託書①】

（新谷正夫「農地改革における登記」附録）

第二節　表示登記の沿革

　b　土地を売り渡した場合における所有権移転の登記を嘱託するときは，売渡登記嘱託書（以下，本問において「売渡嘱託書」という。）の「登記原因及びその日付け」欄に自作農創設特別措置法第何条の規定により売り渡した旨を記載する（自農登記令15条1項。別掲4―2【土地売渡登記嘱託書②】参照）。

　c　売渡しの目的土地について，自作農創設特別措置法第12条第2項の規定により設定されたものとみなされた賃借権，使用貸借による権利，地上権，永小作権又は地役権があった場合，これらの権利者以外の者に売り渡されたときは当該権利は法律の規定によって消滅し（同法22条1項），また，これらの権利者に売り渡された場合は混同によって消滅する（民法179条1項本文）。

　そこで，売渡しの登記を嘱託する場合において，これら消滅する権利があるときは，当該登記の抹消について登記すべき事項を売渡嘱託書の予備欄に，登記簿における従前の権利に関する登記の順序に従い，記載した（自農登記令15条2項。別掲4―3【土地売渡登記嘱託書③】参照）。

第一章　総　　説

（別掲4—2）【土地売渡登記嘱託書②】

（註一）年月日は賣渡通知書に記載された賣渡の時期を記載

（註二）登記官吏において記載

（註三）賣渡の相手方

（賣渡）（別掲1の土地を賣り渡した場合）

登記事項			
登記原因及びその日附	自作農創設特別措置法第十六條の規定による賣渡 （註一）年月日　その日附		
登記の目的	所有權移轉		
登記名義人の表示	農林省		

登記簿の冊數	登記番號	順位番號
（註二）	（註二）三一〇三四	（註二）甲區八

附属書類		
物件の表示	郡市區町村	A　B町
	大字	D
	字	E
	地番	一二三の一
		田一反二畝十歩
登記權利者の表示（註三）		何郡市區町村何番地　何某
備考		1丁

（新谷正夫「農地改革における登記」附録）

第二節　表示登記の沿革

（別掲４－３）【土地売渡登記嘱託書③】

（註一） 年月日は、賣渡通知書に記載されている賣渡の時期を記載

（註二） 賃借権者以外の者が賣渡の相手方となる場合

（註三） 賃借権者が賣渡の相手方となる場合年月日は（註一）と同一

順位番號	登記の目的たる権利の表示（豫備欄）	登記原因及びその日附	登記の目的
乙區　八	土地買收登記嘱託書綴込帳第何冊第２丁豫備欄乙區順位七番の賃借権 **（註）** 政府の所有する農地に、自作農創設特別措置法第十二條第二項以外の原因により賃借権、地上権、永小作権等が設定され、且つ登記されているときは、この欄には「乙區順位何番の賃借権」の如く記載。	**（註一）** 年　月　日自作農創設特別措置法第二十二條第一項の規定により消滅　**（註二）** **（註三）**（　年　月　日混同）	賃借権設定登記の抹消

２丁

（新谷正夫「農地改革における登記」附録）

第一章　総　　説

⑹　売渡による登記手続

　a　登記官は，都道府県知事からの売渡嘱託書を受け取ったときは，受付帳に所要の記載した（旧不登法47条1項）後，これを土地売渡登記嘱託書綴込帳（以下，本問において「売渡登記綴込帳」という。別掲5【土地売渡登記嘱託書綴込帳】参照）に，受付番号の順に，編てつする（自農登記令18条，10条1項）。この場合，登記官は，売渡登記綴込帳に既に編てつした書面の末葉と，新たに編てつする売渡嘱託書の初葉とのつづり目に職印をもって契印し，かつ，毎葉に丁数を付した（自農登記細則3条）。

　b　売渡嘱託書が売渡登記綴込帳に編てつされたときは，売渡登記綴込帳は登記簿の一部とみなされと同時に，売渡嘱託書の本欄に記載された事項及び買収嘱託書の予備欄に記載された事項は，編てつの時に，その登記がされたものとみなされた（自農登記令18条，10条2項）。そして，登記官は，登記の抹消について登記すべき事項の登記があったとみなされたときは，登記簿におけるこれら抹消すべき登記を朱抹するものとされた（自農登記令18条，11条）。

　c　このように，売渡しによる所有権移転の登記手続について，売渡嘱託書を売渡登記綴込帳への編てつすれば足りるという変則的な方法によることは，公示方法として望ましいものではない。

　そこで，登記官は，売渡嘱託書を売渡登記綴込帳に編てつしたときは，登記があったものとみなされた登記事項で抹消に係らないもの及びその順位番号を，遅滞なく既存の登記簿の相当区事項欄及び順位番号欄に記載すべきものとされた（自農登記令19条。別掲3【売渡登記後の登記簿の記載】（87ページ）甲区順位八番参照）。

第二節　表示登記の沿革

（別掲5）【土地売渡登記嘱託書綴込帳】

法務省民事局編「写真で見る不動産登記百年史」より

第一章　総　　説

⑺　売渡による登記後の登記簿

　ａ　別掲３【売渡登記後の登記簿の記載】（87・88ページ）は，別掲１―
１，１―２，１―３【土地買収登記嘱託書①，②，③】（82〜84ページ）及
び別掲４―１，４―２，４―３【土地売渡登記嘱託書①，②，③】（90，
92，93ページ）の対象となっている農地の登記簿の記載である。

　別掲３の表題部の末尾欄外には，「自農法による買収登記嘱託書綴込帳第
何冊第何丁」と表示されているから，権利に関する登記は売渡登記綴込帳に
記載されていることが分かる。

　ｂ　別掲３の甲区順位番号欄は，五番から七番までが欠番となっている一
方，参番及び四番の登記事項が朱抹されている。

　別掲３の甲区順位五番は国への買収による所有権移転の登記，順位六番は
順位参番の所有権移転仮登記の抹消の登記，そして，順位七番は順位四番の
強制競売申立登記の抹消の登記である。これらの登記は，いずれも買収嘱託
書の予備欄に登記の抹消の旨が記載されている（別掲１―３（84ページ）参
照）から，この買収嘱託書を買収登記綴込帳に編てつすることによって，抹
消登記がされたことになる。

　ｃ　別掲３の乙区は，いずれも抹消登記がないにもかかわらず順位壱番か
ら参番までの各登記事項が朱抹されている。順位壱番の賃借権設定登記の抹
消は順位四番で，順位弐番の抵当権設定登記の抹消は順位五番で，順位参番
の抵当権設定登記の抹消は順位六番で，それぞれ登記されている。これら登
記の抹消は，いずれも売渡嘱託書の予備欄（別掲１―３（84ページ）参照）
に登記の抹消の旨が記載されているから，この売渡嘱託書を売渡登記綴込帳
に編てつすることによって，抹消登記がされたことになる。

　なお，順位四番で抹消された順位壱番の賃借権設定登記が当該農地の小作
人の権利であるときは，従前と同一の条件をもって復活（存続期間は従前の
残存期間）させるため，この買収嘱託書の予備欄に，賃借権設定登記の内容
を記載することによって，順位七番として登記されたものとみなされた（別
掲１―３（84ページ）の乙区順位七番参照）。そして，登記されたものとみ
なされた順位七番の賃借権設定登記の抹消は，売渡嘱託書の予備欄に登記の
抹消の旨が記載されている（別掲４―３（93ページ）の乙区順位八番参照）
から，この売渡嘱託書を売渡登記綴込帳に編てつすることによって，順位八

96

第二節　表示登記の沿革

番で抹消の登記がされたことになる。

　この結果，甲区順位八番で売渡しを受けた所有権の登記名義人が新たに抵当権設定の登記を申請した場合の順位番号は，乙区の九番となる。

　d　ところで，別掲3の農地において，自作農創設特別措置法に基づき乙某から国への買収の登記がされた（売渡登記綴込帳において甲区順位五番で登記（別掲1−2（83ページ）参照））が，仮にこの売渡しがされていない場合（別掲3（87ページ）において甲区順位八番の登記がされていない場合），登記簿上は，その表題部の欄外に「自農法による買収登記嘱託書綴込帳第何冊第何丁」と表示されている（耳書き登記）が，甲区順位弐番の登記事項から，所有権の登記名義人は乙某のように見える。このため，農地改革後長期間経過すると，この自作農創設特別措置法に基づくと特例の登記制度が忘れ去られ，誤って乙某の相続人から相続による所有権移転の登記が申請され，登記官がこれを看過して，相続人名義の登記を実行する事例が散見された。しかし，この農地は，実体法上は国の所有であるから，当該相続人名義の登記は無効であり，したがって，この登記を信頼して，当該相続人から売買による所有権移転の登記を受けた者は，何らの権利を取得することはない。

　そこで，自作農創設特別措置登記令によって登記があったものとみなされた登記事項で抹消にかからないもの及びその順位番号を，適宜，登記簿の相当区事項欄に記載して差し支えないとされた（昭和43年4月6日民事甲第1224号民事局長回答）。

　（注）　農地の買収及び売渡しは昭和22年から昭和25年までに行われ，最終的に193万町歩の農地が，延べ237万人の地主から買収され，延475万人の小作人に売り渡されたとされている。

97

第一章　総　　説

Q 20　大福帳式登記簿とはどのようなものか。

A　バインダー式登記簿が導入される前の登記簿は，地番区域ごとに
調製され，登記簿冊に編てつされている登記用紙の加除ができない
構造になっており，登記番号の順に編成されていた。この登記簿を
「大福帳式登記簿」と呼んでいる。

解説

(1)　大福帳式の登記簿

　　a　旧不動産登記法が制定された当時の登記簿は，表紙に地方裁判所長の
職氏名を記載して職印を押印し，かつ，登記簿冊に編てつされているすべて
の登記用紙を職印によって契印することとされ（制定時の旧不登法18条），
登記用紙の追加や除却ができない構造になっていた（別掲【大福帳式登記
簿】（108ページ）参照）。

　　b　土地登記簿は，その一登記用紙を，登記番号欄，表題部及び甲区・乙
区・丙区・丁区・戊区の五区に分かれていた。表題部には表示欄及び表示番
号欄を設け，各区には事項欄及び順位番号欄が設けられた（制定時の旧不登
法16条１項。別掲【土地登記簿（制定時）】参照）。

　　そして，「表示欄」には土地の表示とその変更に関する事項を記載し，「表
示番号欄」には表示欄に登記事項を記載した順序を記載した（制定時の旧不
登法16条３項）。また，「甲区事項欄」には所有権に関する事項を（制定時の
旧不登法16条４項），「乙区事項欄」には地上権及び永小作権（これらの権利
を目的とする他の権利に関する事項を含む。）」に関する事項を（同条５項），
「丙区事項欄」には地役権に関する事項を（同条６項），「丁区事項欄」には
先取特権，質権及び抵当権に関する事項を（同条７項），「戊区事項欄」には
賃借権に関する事項を（同条８項），「順位番号欄」には事項欄に登記事項を
記載した順序を（同条８項），それぞれ登記した。

　　一筆の土地の登記簿は３枚の登記用紙で構成されていた。登記簿の一丁目
の登記用紙は，右側が表題部，左側が甲区，同二丁目の登記用紙は，右側が
甲区の継続用紙及び乙区，左側が丙区及び丁区，同三丁目の登記用紙は，右
側が丁区の継続用紙，左側が丁区の継続用紙及び戊区であった。

第二節　表示登記の沿革

【土地登記簿（制定時）】

附録第一號

土地登記簿

區裁判所

紙數表紙ヲ除キ　　枚

地方裁判所長

	登記番號 第　號
	表題部（土地表示）
	表示番號 / 表示欄
土地登記簿	表示番號 / 表示欄
	表示番號 / 表示欄

甲	
順位番號	
事項欄	
順位番號	
事項欄	
順位番號	
事項欄	丁

第一章　総　説

丁		（權役地）區丙		土地登記簿		（權小ヒ權地作永及上）區乙	（權有所）區
	番號順位位		番號順位	土地登記簿		番號順位	
	事項欄		事項欄			事項欄	
	番號順位		番號順位			番號順位	
	事項欄		事項欄			事項欄	
	番號順位		番號順位	丁		番號順位	
	事項欄		事項欄			事項欄	

（權借賃）區戊		（權抵及質特先當ヒ權權取）	土地登記簿	區
	番號順位		土地登記簿	
	事項欄			
	番號順位			
	事項欄			
	番號順位			
	事項欄	丁		

第二節　表示登記の沿革

　　c　建物登記簿は，その一登記用紙を，登記番号欄，表題部及び甲区・乙区・丙区・丁区の四区に分かれていた。表題部には表示欄及び表示番号欄を設け，各区には事項欄及び順位番号欄が設けられた（制定時の旧不登法17条１項。別掲【建物登記簿（制定時）】参照）。

　そして，「表示欄」には建物の表示とその変更に関する事項を記載し，「表示番号欄」には表示欄に登記事項を記載した順序を記載した（制定時の旧不登法17条３項）。また，「甲区事項欄」には所有権に関する事項を（制定時の旧不登法17条４項），「乙区事項欄」には地役権に関する事項を（同条５項），「丙区事項欄」には先取特権，質権及び抵当権に関する事項を（同条６項），「丁区事項欄」には賃借権に関する事項を（同条７項），「順位番号欄」には事項欄に登記事項を記載した順序を（同条８項），それぞれ登記した。

　一棟の建物の登記簿は３枚の登記用紙で構成されていた。登記簿の一丁目の登記用紙は，右側が表題部，左側が甲区，同二丁目の登記用紙は，右側が甲区の継続用紙及び乙区，左側が丙区，同三丁目の登記用紙は，右側が丙区の継続用紙，左側が丙区の継続用紙及び丁区であった。

第一章 総　説

【建物登記簿（制定時）】

丙		建物登記簿	（權役地）區乙		（權有所）區
	順位番號			順位番號	
	事項欄			事項欄	
	順位番號			順位番號	
	事項欄			事項欄	
	順位番號			順位番號	
	事項欄	丁		事項欄	

（權借賃）區丁		（權抵及質特先／當ヒ權權取）	建物登記簿	區
	順位番號			
	事項欄			
	順位番號			
	事項欄			
	順位番號			
	事項欄		丁	

第一章　総　　説

　d　大正２年法律第18号による法改正に伴い，旧不動産登記法施行細則が
改正され（大正２年司法省令第15号），登記用紙は，現行と同様，表題部，
甲区（所有権に関する事項）及び乙区（所有権以外の権利に関する事項）の
１部２区制となった（別掲【登記簿（大正２年様式）】参照）。

　一筆の土地の登記簿は３枚の登記用紙で構成された。登記簿の一丁目登記
用紙は，右側が表題部・左側が甲区で，同二丁目登記用紙は，右側が甲区の
継続用紙・左側が乙区であった。同三丁目登記用紙は，右側及び左側とも乙
区の継続用紙であった。

第二節　表示登記の沿革

【登記簿（大正２年様式）】

附録第一號

土地（建物）登記簿

區裁判所

紙數表紙ヲ除キ　　枚

地方裁判所長

甲		土地登記簿	表題部（土地表示）	登記番號　第　　號
	順位番號			表示番號
	事項欄			表示欄
	順位番號			表示番號
	事項欄			表示欄
	順位番號			表示番號
	事項欄	丁		表示欄

第一章　総　　説

	乙		（権有所）區
	番順號位	土地登記簿	
	事項欄		
	番順號位		
	事項欄		
	番順號位		
	事項欄	丁	

（權外權所利ノ以有）區		
	土地登記簿	
	丁	

第二節　表示登記の沿革

　e　大福帳式登記簿においては，例えば抵当権設定登記とその抹消が煩雑に繰り返される等によって，登記用紙の丁区（制定時の旧不登法）又は乙区（大正２年法律第18号改正後の旧不登法）に余白がなくなった場合は，当該大福帳式登記簿に登記用紙を追加編てつして登記事項を記載することができないので，新たな大福帳式登記簿に登記をすることになる。このため，一筆の土地の登記事項が数冊の大福帳式登記簿にまたがって登記されていることもあり，このような土地について登記の申請があった場合，あるいは登記簿謄本の交付請求があった場合は，これら関係する数冊の登記簿を書庫から搬出して処理しなければならなかった。

　f　大福帳式登記簿は，別掲【大福帳式登記簿】のとおりである。

　なお，大福帳式登記簿は，登記簿のバインダー化（Q23（131ページ）参照）において，登記用紙をバラバラにした上で，地番又は家屋番号の順序で，バインダー式登記簿に編てつされたのであるが，別掲【大福帳式登記簿】は，当該登記簿に編てつされていた土地の全てが土地区画整理によって法律上消滅したため，バインダー化されずに，現存したものと推察される。

第一章　総　説

【大福帳式登記簿】

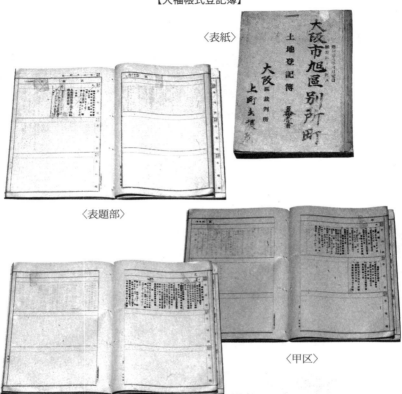

法務省民事局編「写真で見る不動産登記百年史」より

第二節　表示登記の沿革

　ｇ　別掲【大福帳式登記簿の具体例】は，一筆の土地が３冊の大福帳式登記簿に分散されて登記されていた事例である。

　この土地は，登記法（明治19年法律第１号）に基づく旧登記簿において「物件番号弐拾四号」として登記簿が設けられ（１冊目四三丁（111ページ）の「登記番号欄」），甲区順位弐番で甲野太郎のための所有権取得登記（明治28年４月30日登記）が，また，丁区順位弐番（明治29年12月５日登記）及び同参番（明治29年12月25日登記）で抵当権設定登記が経由されていた。

　明治33年６月30日（旧不動産登記法の施行は明治32年６月16日）に，甲野次郎から家督相続による所有権取得の登記申請があったため「登記番号」欄に「第拾五」，「旧登記弐拾四号」として登記簿を新設し，「表題部（土地表示）」の「表示欄」に登記法に基づく登記簿から土地の表示を移記して「表示番号」欄に「壱」と記載し，甲区事項欄に甲野太郎の所有権取得登記（順位番号壱番）を，丁区事項欄に抵当権設定登記（順位番号壱番及び弐番）を，登記法に基づく登記簿からそれぞれ移記し，各登記事項の末尾に，「旧登記簿壱冊六拾七丁ヨリ移ス」（表題部及び甲区）並びに「旧登記簿壱冊六拾八丁ヨリ移ス」（丁区）とそれぞれ付記した（旧不登法163条）後，当該申請に係る登記を，甲区順位弐番で実施した。

　この１冊目の登記簿（四三丁ないし四五丁）において，抵当権設定登記及びその抹消登記が繰り返された（注）結果，順位拾参番の登記によって丁区事項欄に余白がなくなった。このため，丁区順位拾四番における新たな抵当権設定の登記は２冊目の登記簿に記載することになる。そこで，１冊目の登記簿の初葉（四三丁）の登記番号欄に「第拾五号」と記載されていたものを「第拾五号ノ壱」と登記番号に枝番を付記するとともに，２冊目の登記簿との関係を明らかにするため，「弐冊百参丁ヘ続ク」と記載した（制定時の旧不登法76条１項，同旧不登細則52条１項）。そして，２冊目の登記簿（114ページ）の初葉（一〇三丁）の登記番号欄に「第拾五号ノ弐」と記載するとともに，１冊目の登記簿との関係を明らかにするため，「壱冊四拾七丁ヨリ続ク」と記載した（制定時の旧不登法76条１項）。この記載によって，表示欄及び甲区事項欄は空欄のままとし，丁区に，順位拾四番として，新たな申請に係る抵当権設定の登記を記載した。

　しかし，この２冊目の登記簿（一〇三丁ないし一〇五丁）においても，再

109

第一章　総　　説

び，抵当権設定登記及びその抹消登記が繰り返された結果，順位弐拾弐番の登記によって丁区事項欄に余白がなくなった。このため，昭和8年4月24日申請に係る抵当権設定の登記は，3冊目登記簿（117〜119ページ）の丁区事項欄に順位弐拾参番で記載することになるのであるが，大正2年に登記用紙の様式改正（【登記簿（大正2年様式）】（105ページ）参照）があり，担保権に関する登記は乙区事項欄に記載することになった。そこで，2冊目の登記簿の初葉（一〇三丁）の登記番号欄に，3冊目の登記簿との関係を明らかにするため，「参冊九拾七丁ヘ続ク」と記載するとともに，3冊目の登記簿の初葉（一一六丁）の登記番号欄に「第拾五号ノ参」と記載し，2冊目の登記簿との関係を明らかにするため，「弐冊百参丁ヨリ続ク」と記載した。この記載によって，表示欄及び甲区事項欄は空欄のままとし，乙区に順位壱番として，新たな抵当権設定の登記を記載した。

　　（注）　根抵当権（民法398条の2以下）が判例で認められる前にあっては，融資を受け付ける都度，抵当権設定の登記そ申請し，また，被担保債権返済の都度，抵当権設定登記の抹消を申請しなければならなかった。

110

第二節　表示登記の沿革

【大福帳式登記簿の具体例①（一冊目）】

登記番号	部題表	表示番号	表　示　欄	表示番号	表　示　欄	表示番号	表　示　欄
壱ノ五拾第	（示表地土）	壱	何市下栄町弐拾九番地一　宅地七拾七坪　右明治参拾参年六月参拾日旧登記簿ヨリ移ス⑩壱冊六拾七丁ヨリ				

号拾記旧　四弐登
続丁百弐　リク参冊

土　地　登　記　簿　　　　　　四三丁

甲	番号順位	事　項　欄	番号順位	事　項　欄	番号順位	事　項　欄
	番壱（番旧）	明治弐拾参年四月　明治弐拾参年四月参拾日登記　所有権ハ野太郎ニ遺産相続ニ因リ甲市下栄町弐拾九番地ヲ登記顧書ニ依リ所有権ヲ取得シタルニ付所有権登記ス⑩　右明治参拾参年六月参拾日旧登記簿ヨリ移ス⑩壱冊六拾七丁ヨリ	番参	明治四拾年弐月八日　明治四拾壱年五月九日受付第参百八拾号　家督相続ニ因リ所有者ノ為メ所有権取得ヲ登記ス⑩左ノ権利者何市何町何番地甲野桜子	番五	昭和参拾七年壱月壱　昭和参拾七年壱月壱〇日受付第六〇五九号　原因　同年壱〇月四日相続取得者　何市何町何番地　甲野三郎右登記スル⑩
	番弐	明治参拾壱年六月　明治参拾壱年六月弐拾七日受付第千七百号　所有権ハ野梅子ニ家督相続ニ因リ甲市下栄町弐拾九番地ヲ登記申書ニ依リ所有権ヲ取得シタルニ付所有権移転登記ス⑩	番四	大正拾参年六月拾五日　大正拾参年六月拾八日受付第千五百号　家督相続ニ因リ所有者ノ為メ所有権取得ヲ登記ス又ハ有リ⑩壱左ノ権利者何市何町何番地甲野梅子		

第一章　総　説

甲区（所有権）	乙区（地上権及永小作権）							丙区（地役権）							丁		
	順位番号	事	項	欄	順位番号	事	項	欄	順位番号	事	項	欄	順位番号	事	項	欄	

土地登記簿　四丁

順位番号	事　項　欄
番壱（番旧弐）	明治弐拾九年拾弐月五日登記 抵当権設定登記 （事項省略） 右明治参拾参年六月参拾日旧登記簿壱冊六拾八丁ヨリ移入㊞
番弐（番旧参）	明治弐拾九年拾弐月弐拾五日登記 抵当権設定登記 （事項省略） 右明治参拾参年六月参拾日旧登記簿壱冊六拾八丁ヨリ移入㊞
番参	明治参拾壱年七月五日受付第何号 抵当権設定登記 （壱番抵当権設定登記抹消事項省略）
番四	明治参拾壱年七月五日受付第何号 抵当権設定登記 （弐番抵当権設定登記抹消事項省略）

第二節　表示登記の沿革

土地登記簿　　四五丁

区分	順位番号	事項欄
乙区	番五	弐付壱番五 明治参拾参年七月五日登記 （抵当権設定）登記 事項省略
	番六	明治参拾参年七月五日登記 （抵当権設定）登記 事項省略
	番七	明治参拾八年四月拾四日受付第何号 （六番抵当権設定登記 事項省略） 抹消
	番八	明治参拾八年四月拾日登記 （抵当権設定）登記 事項省略
	壱附番五号	明治参拾九年拾月弐拾日受付第何号 （五番抵当権移転） 登記事項省略
	番九	明治参拾九年弐月拾八日受付第何号 （八番抵当権設定 事項省略） 登記抹消
	弐附番五号	明治参拾九年拾月弐拾日受付第何号 （五番抵当権移転） 登記事項省略
	番拾	明治参拾九年五月弐拾四日登記 （抵当権設定）登記 事項省略
	壱附番拾号	明治参拾九年弐月弐拾八日受付第何号 （五番抵当権設定 事項省略） 登記抹消
乙区 （権質及賃特先抵当権取）	番弐拾	明治四拾四年弐月拾八日受付第何号 （拾番抵当権設定 事項省略） 登記抹消登記
	番参拾	大正元年拾壱月拾壱日受付第何号 号 （抵当権設定）登記 事項省略
乙区 （権借賃）	順位番号	事項欄

113

第一章　総　説

【大福帳式登記簿の具体例②（二冊目）】

登記番号第 弐ノ五拾第	表題部（土地表示）	表示番号	表　示　欄	表示番号	表　示　欄	表示番号	表　示　欄
続ヨ七四壱　続丁拾冊							
クヘセ九参　続丁拾冊							

土　地　登　記　簿	一〇三丁

甲	順位番号	事　項　欄	順位番号	事　項　欄	順位番号	事　項　欄

第二節　表示登記の沿革

丁		丙区（役権地）		土地登記簿　一〇四丁	乙区（永小作権及上地権）		区（所有権）
番号順位	事項欄	番号順位	事項欄		番号順位	事項欄	
番四拾	大正四年九月参日 受付第何号						
	（抵当権設定登記） 事項省略						
	（抵当権設定登記） 事項省略						

115

第一章　総　説

区				
番五拾 大正九年七月拾七日受付第何号（拾四番抵当権設定登記抹消事項省略）	**番六拾** 略（参番抵当権設定登記抹消事項省略）	**番七拾** 昭和弐年四月六日受付第何号（抵当権設定登記事項省略）	**番六拾** 昭和弐年九月参日受付第何号 事項省略（抵当権設定登記）	**番五拾** 昭和弐年九月五日受付第何号 略（拾七番抵当権設定登記抹消事項省略）
			番拾弐 昭和四年拾壱月弐拾八日受付第何号 事項省略（抵当権設定登記）	**番九拾**

土地登記簿　　　　　　　　　一〇五丁

（権債質）区戊

（権利及質権特先）（抵当権設）		
番号順位	番号順位	番号順位
事項欄	事項欄	事項欄
	番壱拾弐 昭和八年四月弐拾四日受付第何号 略（弐拾番抵当権設定登記抹消事項省略）	**番弐拾** 略
		番弐拾弐 昭和八年四月弐拾四日受付第何号 略（拾七番抵当権設定登記抹消事項省略）

第二節　表示登記の沿革

【大幅帳式登記簿の具体例③（三冊目）】

登記番号	表題部	表示番号	表　示　欄	表示番号	表　示　欄	表示番号	表　示　欄
参ノ五拾第	（示表地土）						

クリ丁百弐 続ヨ参冊

九七丁

甲	順位番号	事　項　欄	順位番号	事　項　欄	順位番号	事　項　欄

第一章　総　説

（所有権）区					

九八丁

乙	順位番号	事項欄	順位番号	事項欄	順位番号	事項欄
	壱番 附記弐号	昭和八年四月弐拾日受付第何号（抵当権設定登記事項省略）	壱番 附記弐号	昭和拾年四月弐五日受付第何号（壱番抵当権登記名義人表示変更登記事項省略）		
			弐番	昭和拾年四月弐五日受付第何号（壱番抵当権設定登記抹消事項省略）		
	壱番 附記壱号	昭和九年拾月九日受付第何号（壱番抵当権登記名義人表示変更登記事項省略）	参番 附記壱号	昭和拾年八月弐拾八日受付第何号（抵当権設定登記事項省略）	参番 附記壱号	昭和拾壱年五月拾壱日受付第何号（参番抵当権移転登記事項省略）

第二節　表示登記の沿革

番四	番五			七	八
昭和拾八年参月拾七日受付第何号（参番抵当権設定登記抹消事項省略）	昭和弐拾七年拾弐月九日受付第何号　抵当権設定登記（事項省略）		六　五番抵当権登記抹消　昭和参拾年拾月壱日受付第何号（事項省略）	昭和参拾弐年拾月参日受付第何号　抵当権設定登記（事項省略）	昭和参拾五年参月参拾日受付第何号　抵当権設定登記（事項省略）

九丁

順位番号	事項欄	順位番号	事項欄	順位番号	事項欄
九	七番抵当権登記抹消　昭和参五年壱弐月壱五日受付第何号（事項省略）				

（所有権以外ノ権利）

119

第一章　総　　説

Q 21　登記番号とは何か。

A　大福帳式の登記簿においては，地番区域ごとに調製された登記簿に，初めて登記の申請があった順に登記されたため，登記簿上の順序を明らかにする登記番号が登記事項とされていた。

解説

　a　昭和26年法律第150号による改正前の旧不動産登記法においては，地番区域ごとに大福帳式の登記簿が設けられ，旧不動産登記法施行後新たに登記の申請があった順に，この登記簿に登記がされた。このため，登記用紙には，「登記番号」欄が設けられ（制定時の旧不登法16条1項。別掲【登記番号欄のある登記用紙】参照），「各土地ニ付キ登記簿ニ始メテ登記ヲ為シタル順序ヲ記載ス」とされていた（同条2項）。

【登記番号欄のある登記用紙】

甲		土地登記簿	表　題　部　（土地表示）	登記番号　第　　号
	順位番号			表示番号
	事項欄			表示欄
	順位番号			表示番号
	事項欄			表示欄
	順位番号			表示番号
丁	事項欄			表示欄

120

第二節　表示登記の沿革

　　b　抵当権設定登記とその抹消が煩雑に繰り返された等により，一筆の土地に関する登記が数冊の登記簿にまたがっている場合は，前の登記簿（既存登記簿）と後の登記簿（新登記簿）との接続関係を明らかにするため，新登記簿には「新用紙中登記番号欄ニ前用紙ノ登記番号ヲ転写シ前用紙ヲ編綴セル登記簿ノ冊数，丁数及ヒ其継続用紙ナルコトヲ記載」した上，既存登記簿には「前用紙中登記番号欄ニ新用紙ヲ編綴セル登記簿ノ冊数，丁数及ヒ之ニ継続スル旨ヲ記載」した（制定時の旧不登法76条1項。Q20の【大福帳式登記簿の具体例①（一冊目）】（111ページ）参照）。

　　そして，登記番号は，新登記簿の登記番号には支号を付け（例えば壱弐参号弐），既存登記簿の登記番号にはその左側に「壱」の文字を追記（例えば壱弐参号壱）した（制定時の旧不登細則52条1項）。

　　c　大福帳式の登記簿は，地番や家屋番号の順序ではなく，登記番号の順序に編てつされていたため，地番や家屋番号から登記番号を検索のため，登記見出帳（Q22（123ページ）参照）が設けられていた（昭和26年法律第150号による改正前の旧不登法19条，昭和26年法務府令第110号による改正前の旧不登細則6条）。

　　d　登記番号の制度は，昭和26年法律第150号による旧不動産登記法の改正によって，登記簿の様式が大福帳からバインダーになり，土地の登記簿が地番順に，建物の登記簿が家屋番号順に編てつされたことに伴い，廃止された。

　　そして，バインダー式登記簿では，登記用紙がバインダー式登記簿から離脱しても，どの土地の登記用紙であるかを明らかにするため，「登記番号」欄に代えて「地番家屋番号」欄が設けられ，「登記用紙ノ毎葉ノ地番家屋番号欄ニハ其登記用紙ニ登記シタル土地ノ番号又ハ建物ノ家屋番号ヲ記載スベシ」（昭和26年法務府令第110号による改正後の旧不登細則6条3項）とされた（別掲【地番家屋番号欄のある登記用紙】参照）。

　　また，登記された土地又は建物の登記簿が何枚の登記用紙で構成されているを明らかにするため，「登記用紙ノ初葉ニハ枚数欄」を設け，登記官は，登記用紙の加除を行った場合は，「枚数欄中其登記用紙ノ枚数ニ相当スル数字」に捺印すべきこととされた（上記改正後の旧不登細則6条2項）。

121

第一章　総　説

【地番家屋番号欄のある登記用紙】

表　題　部（不動産表示）		地番家屋番号	表　題　部（不動産表示）		枚数
	表示番号			表示番号	2
					3
	表示欄			表示欄	4
					5
					6
					7
					8
	表示番号			表示番号	9
					10
	表示欄			表示欄	11
					12
					13
					14
	表示番号			表示番号	15
					16
	表示欄	丁		表示欄	17
					18
					19
					20

第二節　表示登記の沿革

Q 22　登記見出帳とは何か。

A　大福帳式の登記簿は，地番や家屋番号の順序ではなく，登記番号の順序に編てつされていたため，地番や家屋番号から登記番号を検索のため，登記見出帳が設けられていた。

解説

　a　昭和26年法律第150号による改正前の登記簿は，大福帳式登記簿（Q 20（108ページ）参照）で，地番区域ごとに調製された登記簿に，初めて登記の申請があった順に登記されたため，地番や家屋番号の順序ではなく，登記番号（Q 21（120ページ）参照）の順序に従って編てつされていたため，登記申請に係る不動産の登記簿を検索することが容易ではなかった。そこで，地番や家屋番号から登記番号を検索のため，土地登記見出帳（別掲【土地登記見出帳】）及び建物登記見出帳が設けられた（昭和26年法律第150号による改正前の旧不登法19条，昭和26年法務府令第110号による改正前の旧不登細則6条。別掲【土地登記見出帳様式】及び【建物登記見出帳様式】参照）。

123

第一章　総　説

【土地登記見出帳様式】

附録第五號

土地登記見出帳

區裁判所

土地ノ番號	土地ノ符號	登記簿ノ冊數	登記簿ノ丁數	登記番號	備考

丁

土地ノ番號	土地ノ符號	登記簿ノ冊數	登記簿ノ丁數	登記番號	備考

124

第二節　表示登記の沿革

【建物登記見出帳様式】

附録第七號

建物登記見出帳

區裁判所

部ノ							敷地ノ番號	敷地ノ符號	建物ノ番號	登記簿ノ冊數	登記簿ノ丁數	登記番號	備考

丁

部ノ							敷地ノ番號	敷地ノ符號	建物ノ番號	登記簿ノ冊數	登記簿ノ丁數	登記番號	備考

第一章　総　　説

　b　土地登記見出帳（別掲【土地登記見出帳様式】参照）は，土地の番号（地番）順に予め各筆の土地について見出欄を設け，登記用紙に登記番号を記入するごとにその登記用紙を編てつした登記簿の冊数，丁数及び登記番号を記載した（昭和26年法務府令第110号による改正前の旧不登細則7条）。

　c　土地の分筆の登記や合筆の登記があった場合におけるの登記簿検索の便宜のため，土地分合登記見出帳（別掲【土地分合登記見出帳】）が設けられた（昭和26年法律第150号による改正前の旧不登法19条，昭和26年法務府令第110号による改正前の旧不登細則6条。別掲【土地分合登記見出帳様式】参照）。

第二節　表示登記の沿革

【土地分合登記見出帳様式】

附録第六號

土地分合登記見出帳

區裁判所

部ノ						
備考	登記番號	登記簿ノ丁數	登記簿ノ冊數	土地ノ符號	土地ノ番號	

部ノ						
備考	登記番號	登記簿ノ丁數	登記簿ノ冊數	土地ノ符號	土地ノ番號	

丁

第一章　総　　説

　土地分合登記見出帳（別掲【土地分合登記見出帳様式】参照）は，土地登記見出帳のように，あらかじめ土地の番号（地番）順に各筆の土地の見出欄を設けず，これに代えて，一から九までの「部」を設けておき，土地の分筆・合筆の登記を行った際に，その登記をした地番の頭字により，一の部から九の部の相当の部に記載した（2番は二の部に，30番は三の部に，987番は九の部にそれぞれ記載する。昭和26年法務府令第110号による改正前の旧不登細則8条1項）。

　そして，土地分合登記見出帳に記載した場合は，土地登記見出帳の備考欄に分筆又は合筆の登記をした旨を記載し，該当する見出欄を朱抹した（昭和26年法務府令第110号による改正前の旧不登細則8条2項）。

　d　建物登記見出帳（別掲【建物登記見出帳様式】参照）は，あらかじめ一から九までの「部」を設けておき，建物の登記用紙に登記番号の記載をした際に，その建物の敷地の番号の頭字により，一の部から九の部の相当の部に記載した（昭和26年法務府令第110号による改正前の旧不登細則9条本文）。

　そして，建物見出帳は，敷地の番号，（家屋税法施行後は）家屋番号，登記用紙に登記番号を記入するごとにその登記用紙を編てつした登記簿の冊数，丁数及び登記番号を記載した。

第二節　表示登記の沿革

【土地登記見出帳】

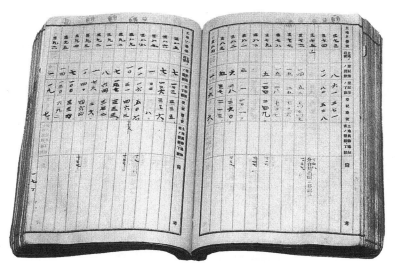

法務省民事局編「写真で見る不動産登記百年史」より

第一章　総　説

【土地分合登記見出帳】

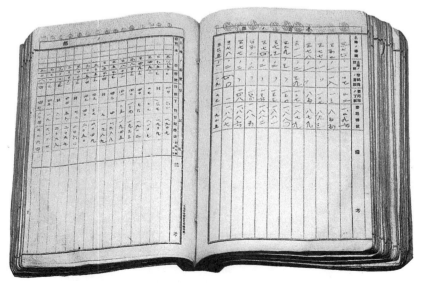

法務省民事局編「写真で見る不動産登記百年史」より

第二節　表示登記の沿革

Q 23　登記簿のバインダー化とは何か。

A　登記簿・台帳一元化の前提として，登記番号順に編てつされ登記用紙の加除ができない構造になっていた大福帳式の登記簿をバラバラにした上，これを加除することができるバインダー式の登記簿に，地番，家屋番号順に編てつ替えを行った。これを登記簿のバインダー化という。

解説

　a　大福帳式登記簿（Q20（108ページ）参照）は，登記用紙の加除ができなかったこと，このため一筆の土地又は一棟の建物が数冊の登記簿に分冊して登記されることがあったこと，地番又は家屋番号の順序ではなく登記番号（Q21（120ページ）参照）の順序に編てつされていたこと，このため土地登記見出帳又は建物登記見出帳（Q22（123ページ）参照）から登記簿を検索しなければならなかったこと等の問題があった。

　b　そこで，昭和26年法律第150号による法改正により，登記簿はバインダー式帳簿（別掲【バインダー式登記簿】参照）とした。すなわち，バインダー式の土地登記簿及び建物登記簿には，表紙及び目録を付して，土地又は建物の登記用紙を編てつすること（昭和26年法務府令第110号による改正後の旧不登細則1条），表題部，甲区及び乙区の登記用紙をそれぞれ別用紙とすること（同旧不登細則2条1項），土地の登記用紙は地番区域ごとに地番の順に，建物登記用紙は家屋番号の順に編てつすること（同旧不登細則3条），乙区の登記用紙についてはその登記の記載がないときは当該不動産の登記簿に設けないことができること，とした（旧不登法16条1項ただし書）。

第一章 総　説

【バインダー式登記簿】

〈建物登記簿〉　　　　　　　　　　　〈土地登記簿〉

法務省民事局編「写真で見る不動産登記百年史」より

　c　登記簿のバインダー化に併せて，①法務局長又は地方法務局長による登記簿への枚数記載及び契印を廃止すること，②登記番号及び登記見出帳を廃止すること，③独立した帳簿であった共同人名簿を廃止して共同人名票を登記簿に編てつすること（同旧不登細則4条），④閉鎖した登記用紙は登記簿から除却し，閉鎖登記簿に編てつして保存すること（同旧不登細則10条）等とされた。

　d　登記簿のバインダー化の作業を全国の登記所で短期間に実施することは，人的にも予算的にも困難であったため，各登記所につき法務総裁が指定し，各登記所ごとに計画的に進められ（昭和26年法律第150号附則3項，昭和26年法務府令第110号附則2項），昭和35年にほぼ終了した。

　e　登記制度創設以来の，登記番号の順に編てつされていた大福帳登記簿を廃止し，地番又は家屋番号の順に編てつしたバインダー登記簿を導入したことは我が国の登記制度にとって画期的な改革であり，完全な物的編成主義に基づく登記制度を確立したということができる。

　f　なお，香川保一元民事局長は，登記簿バインダー化の経緯とその意義

第二節　表示登記の沿革

について，「不動産の台帳登録及び表示登記制度の回顧，現状及び展望(2)」
（登記インターネット 2 巻 7 号17ページ）において次のように発言してい
る。

　香川　……このバインダー化作業は，往時を回想しますと，よくぞ大過な
く完遂したものだと想われます。昭和二六年から十年間，この期間は登記事
件，甲号も乙号も逐年増加し続け，その処理に追われている多忙な期間の最
初でありましたが，その毎日の事件を処理しながら，バインダー作業をする
わけですから，毎年の各実施庁は大変だったわけです。それをやり遂げたの
も，当時の法務局の職員の頑張りと律義さのなせる業であって，今考えまし
ても頭の下がる想いがするのであります。その御苦労のお蔭げで，バインダ
ー化が不動産登記事務処理の合理化，特に省力化に計り知れぬ程役立って，
逐年増加する事件処理をすることができたのであって，バインダー化されて
いなければ，おそらく登記所は破産していたと思います。バインダー化され
れば，登記事務処理の迅速化，合理化を図れるということが職員の皆さんの
頑張りの原動力にもなったと思います。（中略）

　そして，一冊の登記簿には五〇程度の登記用紙が表紙とともに厳重に綴ら
れていて，その登記簿が第何冊の登記簿として冊号が付されており，用紙の
加除ができない仕組みになっているのであります，そして，表紙裏面に登記
用紙がいくら編綴されているかの各地方裁判所長の記載と押印がされ，各葉
に丁数が記載されるのですが，登記番号順に綴られている登記用紙の表題部
又は各区の用紙に記載する余白がなくなったときは，別冊の他の登記簿の新
登記用紙を当該不動産の登記第何号の登記用紙の継続用紙として使用するこ
とになるのであります。したがいまして，不動産によっては，登記簿の第何
冊，第何冊というように数冊あるいは数十冊の登記簿に継続用紙が設けられ
ていて，それ全体が一不動産の一登記用紙ということになるわけでありま
す。そして，この明治三二年の不動産登記法の制定施行前に「登記法」（明
治一九年）によって当時の登記簿に登記されている不動産について登記の申
請があった場合には，その左側に登記法当時の旧登記番号を記載し，表題部
表示欄に不動産の表示を移し，各区の相当区事項欄に旧登記簿の抹消されて
いない権利の登記事項を移すこととされていたのであります。（中略）

　このような仕組み，構成の登記簿でありましたから，ある不動産について

第一章　総　説

登記の申請なり謄抄本の交付又は閲覧の申請がありますれば，その不動産の登記簿を検索するのも大変ですし，調査も容易ではありませんし，謄抄本の作製も大変であったことは，容易に知り得るわけであります。閲覧するのにも申請人は大変苦労したことと思われます。御承知のように，申請人の便宜のためにも，地番，家屋番号から登記番号の登記用紙を検索する見出帳とか所有者から登記番号の登記用紙を検索する名寄帳のようなものが登記所に作製されていたのも，そのことを物語っているわけです。これがバインダー化され，地番又は家屋番号順に不動産の登記用紙が一ケ所に編綴されることになれば，極めて省力化が図られ，登記事務の処理も著しく能率化されることは明らかであります。正にこのバインダー化は，不動産登記制度上画期的な大事業であったわけです。このことが台帳移管と併せて，後の登記簿，台帳の一元化の基礎となったわけであります。しかし，今申しましたような構成になっている登記簿を解体して，土地は地番順，建物は家屋番号順に，一登記用紙を集めてバインダーに編綴し直すのですから，大変な作業であったわけです。

　g　また，新谷正夫元民事局長は，前掲書（同号20ページ）において，登記簿バインダー化の経緯及びその意義について次のように発言している。

新谷　……もともとバインダー化という問題が出たのは，台帳を移管して，いずれこれは一つにしなければならないという頭があったわけです。それがまず大前提なのです。同時に，当時非常に事務が渋滞したわけです。登記簿というのは，固定していますから，抵当権の登記でも変更したりしたときには，簿冊が次から次へ継続用紙が設けられていくわけです。だから具体的な例で言いますと，第一勧業銀行，当時は日本勧業銀行ですが，この抵当権の登記などというものは，ほかの簿冊はもう全部白い所が続いているのに，抵当権の所だけがずっとつながっていって，取り扱いも面倒だし，保管も面倒だし，事務の渋滞がものすごいものになったわけです。

　そういうことが一つあったのと，それから乙号の事件，そのころから乙号が増えはじめるのです。そうするといままでのようにいちいち帳簿を出して，それを筆記して，謄本にして出すなどということは，面倒でとても耐え切れない。そこで思いきっていまのような固定式の帳簿をやめて，ルーズリーフ式にして，出し入れを自由にし，同時に何冊にもわたっているものを一

冊にまとめるとかいうふうに簡素化することが必要だろうということを考え
出したわけです。これは当然将来の登記台帳の一元化を頭に置きながら，そ
れより前に具体的な問題を処理するために，これが必要ではないかというこ
とが起きてきたわけです。

　これも法律に規定してあって，一冊ごとに全部厳重に検印して，保管も厳
重にしている帳簿ですから，うかつにそれをバラしてしまうということはと
ても考えられないわけです。しかしそれをやらなければ，この窮状は脱出で
きないということで，何回も何回も局議をやって，どうしようか，ああしよ
うかということを考えながら，とうとう一つテストをやってみようというこ
とになった。北鎌倉の登記所で実験をやったのです，

　香川　私も行きました。

　新谷　それでそのときに，登記簿をバラしてしまった。

　香川　あれは法律改正の前でしょう。

　新谷　そうそう。実験ですから。それは法律も何もそうなっていないので
す。思い切った断行命令ですよ。それで鎌倉の登記所でそれをやってみよう
というので，腹をくくってそれをやることになった。実験した結果が非常に
上々なのです。いままでのたくさんのつながった継続過多の登記簿がもう一
冊にまとまるとか，出し入れが自由になって，乙号の処理するのも非常に簡
便になる。これでよしと登記簿を全部バラして，バインダーにして合理化し
ようと。これはもう本当は大変なことだったのです。

　いままで登記制度ができて以来，あの登記簿が固定しているからこそ信頼
を受けたわけでしょう。自由に抜き差しもできないし，勝手に書き加えること
もできないというふうな厳重な管理下に置かれたために，登記が非常に信用
されてきた。これをバラそうというのですから，これはもう本当に大革命。
しかしそれをやらなければ将来の一元化も進まないだろうと，すべてがそこ
でストップしてしまうというので，それで思い切ってやることにしたわけで
す。そこでいまのバインダーというものが出てきたわけです。

第一章　総　　説

Q 24　登記簿・台帳の一元化とは何か。

A　昭和35年法律第14号による法改正前は，登記制度と土地・家屋台
帳制度が併存していたが，これらを統合一元化し，登記簿に土地，
建物の現況を常時明確にする表示に関する登記制度が創設されると
ともに，土地台帳法及び家屋台帳法は廃止された。これが「登記簿
・台帳一元化」といわれるものである。

解説

(1)　一元化前の登記簿の表題部

a　表示に関する登記制度は，昭和35年法律第14号による法改正により新
設されたものである。

上記法改正前の不動産登記制度は，もっぱら不動産の権利関係を公示する
ものであった。したがって，土地の分合，滅失段別若しくは坪数の増減又は
地目等の変更の登記（90条），あるいは建物の分合，構造等の変更，滅失，
建坪の増減又は附属建物の新築の登記（91条）に関する手続は，第4章の第
2節「所有権ニ関スル登記手続」として第79条ないし第102条に規定されて
いた。

b　昭和36年法律第150号による改正前の登記用紙は，一丁目の右側が表
題部で，その左側が甲区となっていた。そして，所有権の保存の登記を申請
する場合は，土地又は家屋の台帳謄本の提出を求めて，所有権の保存の登記
の際に，表題部の表示欄に所有権の目的たる土地又は建物の表示を記載する
こととされていた。

c　これらのことから明らかなように，上記法改正前における表題部に関
する登記は，所有権に関する登記の一部として観念され，権利に関する登記
とは別個独立の登記とされていなかった。すなわち，表題部のみの登記簿と
いうものは存在しなかった。

(2)　登記簿・台帳一元化前の台帳事務

a　地租に関する事務は，当初は府県が行っていた。明治29年，徴税の地
方機関を大蔵省の直轄機関とすることとなり，全国に税務管理局及び税務署
が設置された（Q15（62ページ）参照）。これに伴い，府県収税部及び収税

136

第二節　表示登記の沿革

署の人員及び事務は，税務管理局及び税務署に引き継がれた。

なお，旧国税徴収法（明治22年法律第9号）第2条は，「市町村ハ其市町村内ノ地租ヲ徴収シテ之ヲ金庫ニ納付スルノ義務アルモノトス」と規定していた。また，地租法施行規則第19条第1項は，「市町村ハ其ノ市町村内ノ土地ニ付土地台帳ノ副本及ヒ地租名寄帳ヲ設備スベシ」と規定していた。そして，土地台帳の申告書は，市町村を経由して提出することとされていた（地租事務規程（昭和10年8月1日東京税務監督局長訓令第6号）259条本文）。これらの経緯から，市町村に土地台帳の副本が備え付けられていた（Q16（65ページ）参照）。

　b　家屋台帳は，昭和17年に，家屋の状況を明らかにするとともに，課税標準価格及び税額を登録するために税務署に備え付けられた。

　c　戦後，税制調査会において，地租，家屋税等は地方に委譲して府県税とすること，その課税標準たる賃貸価格は国の機関たる税務署が従来どおり決定するとの答申を受けて，地租及び家屋税の課税標準たる賃貸価格の均衡適正を図るとともに，土地及び家屋の状況を国において明確に把握するため，従前どおり，税務署において土地台帳及び家屋台帳を備え，土地及び家屋に関し必要な事務の登録を行うこととされた。

　このため，地租法（昭和6年法律第28号）とおおむね同趣旨の規定を盛り込んだ，土地台帳法（昭和22年法律第30号）及び家屋台帳法（昭和22年法律第31号）が制定され，昭和22年4月1日から施行された。

(3)　台帳事務の登記所への移管

　a　昭和24年，シャウプ勧告に基づく税制改正において，地方自治の本旨に基づく自治行政の財源確保のため，地方税法の全面改正が行われた。これにより，府県税であった地租及び家屋税を廃止して，市町村が固定資産税を課することとなり，その課税標準は，これまでの賃貸価格とはせず，毎年市町村において認定する土地及び家屋の価格を基準とすることとされた。このため，従来のように府県税たる地租及び家屋税の課税標準を国の機関である税務署が決定し，その登録をする必要がなくなり，税務署において土地・家屋に関する台帳事務をつかさどる必要がなくなった。

　b　そこで，昭和25年，土地・家屋台帳事務は，最も関係の深い不動産登記の事務をつかさどる登記所に移管し，併せて，土地台帳及び家屋台帳の事

第一章　総　説

務と不動産登記事務との間に，一定程度の手続上の簡素化を図ることとされ，土地台帳法等の一部を改正する法律（昭和25年法律第227号）が公布され，昭和25年7月31日から施行された（注1）（注2）。

　なお，従来どおり，市町村に土地台帳，家屋台帳の副本を備え，市町村の課税上の支障を生じないよう相互の連絡を図ることとされた（土地台帳法37条の4，家屋台帳法22条）。

　c　税務署から登記所への土地台帳等の引継は，改正土地台帳法の施行の日（昭和25年7月31日）となるが，準備の都合により事実上の引継が遅れる場合でも可及的速やかに行い（昭和25年7月28日民事甲第2081号民事局長通達），登記所における土地台帳事務は，廃止された賃貸価格の調査決定に関する事務その他取扱上変更を要する点を除き，従前の取扱いを踏襲して処理することとされた（昭和25年7月31日民事甲第2111号民事局長通達）。

　税務署からの引継ぎに当たっては，書類のみであり，人員の引継ぎは皆無であった。そして，引継ぎは，関係書類とともに，未済事件（税務署が作成した未済事件表を添付）も引き継いだ（注3）（注4）（注5）。

　なお，新谷正夫元民事局長は，未済事件の引継ぎに関連して，登記簿と台帳の取扱いについて，「不動産の台帳登録及び表示登記制度の回顧，現状及び展望(1)」（登記インターネット2巻6号30ページ）において次のように発言している。

　新谷　これは登記と台帳の性格の違いからきていると思うのです。台帳というのは，もとは税務署が所管して，国が職権で税金を取るための手段だったわけです。ですから職権で調査して，ここの土地はこのような状況だということを自ら把握して，台帳に登載すればいいので，それに基づいて税金を取ったのです。ところが登記のほうは，国側でやることが大事なのではなくて，登記の申請者が持っている権利義務が登記簿上，どのように表現されているかが大事なのです。そうすると記載が的確であるかどうかということを，申請者は常に注意を持って見ています。したがって閲覧制度もありますから，登記簿もきちんと整備しなければなりません。

　ところが台帳のほうは，むしろ国側が職権をもって税金を取るための手段としてやっていただけですから，どうしても杜撰になるだろうと思います。「杜撰」と言っては悪いのですが，やらなければならないこともやっていな

いで，ただ税金を取ればいいと。税金の多い少ないで国民は文句を言っているだけであって，実質は台帳の記載がどうこうということではなかったのです。そういうところに性質の違いがあるから，台帳のほうの扱いが非常にお粗末といいますか，杜撰なものになっていたのではないかと思います。

　台帳のほうは申告すれば必ずそれに対応して，国側が処置しなければならないというものではないのですよ。登記はそうではないでしょう。ですから登記は申請すれば必ずそれに対する答えが出なければならない。台帳はそうではないわけです。そこでやはり非常に杜撰なものが出来たのではないかと思うのです。放っておけば放っておいて，それで済むのです。納税者が文句を言わなければ，それで済んでいるわけです。ですから帳簿を整備するとか何とかというようなことも，登記ほど神経質にやらなかったのだろうと思います。

　私も台帳を引き受けた後で，台帳なるものを見たのですが，登記簿の観念から見ると，これが台帳かと思うようなものでした。台帳というのは一枚の紙が台帳であって，綴じたものも台帳なのです。ただ紐で綴じてあるだけですから，どこが台帳でどこが台帳でないかという区別がはっきりしない。ただ書く紙を「台帳」と言っているだけのことです。そういう扱いになっていたものですから，登記ばかり見ている目から台帳を見ると，扱いが非常に杜撰であったといいますか，お粗末であったことは間違いないですね。ですから今おっしゃったようないろいろな問題が，そこに出てくるわけです。台帳を基礎にして登記制度ができているというのがおかしいのではないかと，私がいまお話したのは，そういうところにあると思うのです。もともと台帳が的確にできていないのです。

　d　登記所における土地台帳及び家屋台帳の事務は，税務署における取扱いを踏襲した土地台帳事務取扱要領（昭和29年6月30日民事甲第1321号民事局長通達）に基づいて行われた。

　e　登記所に移管後の土地台帳及び家屋台帳は，これまでの課税台帳としての性質を失い，もっぱら土地・建物の物理的状況を明確にするためのもの（地籍簿，家籍簿）となったが，同一の登記所において，同一の不動産について台帳制度と登記制度の二つの制度が併存することの不合理性が指摘された。すなわち，この二元的制度の下では，利用者は，不動産の物理的状況の

第一章　総　　説

変動については台帳申告と登記申請とを別々にしなければならず，また，台帳と登記簿の両者について謄・抄本の請求を必要とする等二重の手数と費用の負担を余儀なくされ，また，登記所においても，登記事務と台帳事務の二重の事務処理を強いられた。

(4)　登記簿・台帳の一元化

　a　税務署から台帳の移管を受けた登記所では，登記簿のバインダー化の作業（Q23（131ページ）参照）を，法務総裁の指定を受けた登記所ごとに実施した（昭和26年法律第150号附則3項，昭和26年法務府令第110号附則2項。）。

全国の登記所における登記簿バインダー化作業の進捗を踏まえて，登記簿に台帳の機能をもたせて，土地・建物の現況を常時明確にする（表示に関する登記制度）等のため，昭和35年法律第14号により，不動産登記法の改正が行われるとともに，土地台帳法及び家屋台帳法が廃止された。しかし，土地台帳は，「当分の間保存するものとする」（登記簿・台帳一元化実施要領（昭和35年4月1日民事甲第685号民事局長通達）第19第2項）とされ，現在に至っている。

　b　登記所は，登記簿と台帳の一元化作業を実施し，表示に関する登記を施行するためには，改正法律による改正前の不動産登記法の規定による土地・建物の登記用紙の表題部（旧表題部）を改正後の不動産登記法の規定による登記用紙の表題部（新表題部）に改製し，また，未登記の土地・建物で土地・家屋台帳に登録されているものについては，表題部を新設しなければならない（昭和35年法律第14号附則2条1項）。

しかし，この作業の実施には多くの費用と歳月を要するため，改正法律は昭和35年4月1日から施行された（昭和35年法律第14号附則1条）が，登記簿・台帳一元化作業を完了すべき期日（以下，本問において「一元化指定期日」という。）は，各登記所につき法務大臣が指定することとされ（同法附則2条2項），表示に関する登記手続に関する規定は，各登記所ごとに，この一元化指定期日の翌日から適用されることとされた。

そして，上記法改正後であっても，一元化指定期日までの間は，各登記所の管轄区域内の土地及び建物に関しては，同改正法による改正又は廃止にかかわらず，廃止前の土地台帳法及び家屋台帳法の規定を適用することとされ

140

た（昭和35年法律第14号附則第３条）。

　c　旧不動産登記法に基づき申請書に添付された地積測量図（旧不登法80条２項，81条２項，81条ノ２第２項，81条ノ５）は，永久に保存されることとされている（旧不登細則37条ノ41項，不登規則28条13号）が，この地積測量図は，一元化指定期日の翌日以降に登記所に提出されたものである。したがって，一元化指定期日は，登記所ごとに異なる結果，地積測量図の保管開始時期も登記所ごとに異なることに留意する必要がある（注６）。

(5)　登記簿・台帳一元作業の概要

　a　登記簿・台帳一元化作業のための具体的な実施方法について，登記簿・台帳の一元化実施要領（昭和35年４月１日民事甲第685号民事局長通達。以下，本問において「一元化実施要領」という。）が発出された。

　b　土地台帳又は家屋台帳に現に登録されている既登記の土地又は建物について登記用紙の表題部を改製する場合は，土地台帳又は家屋台帳に基づき，現に効力を有する登録事項で土地又は建物の表示に関するものを登記用紙の新表題部に移記し，これを同一の地番又は家屋番号の登記用紙（旧表題部を含む。）の前に編てつして当該登記用紙の表題部とした（一元化実施要領第２第１項。別掲【登記簿・台帳一元化】参照）。

　c　土地台帳又は家屋台帳に登録されていない既登記の土地又は建物についての表題部の改製は，当該表題部に登記されている土地又は建物の現在の表示を新用紙に移記し，これをその登記用紙の前に編てつして新表題部とした（一元化実施要領第２第２項）。

　d　土地台帳又は家屋台帳に現に登録されている土地又は建物で未登記のものについての表題部の新設は，土地台帳又は家屋台帳中現に効力を有する登録事項で，土地又は建物の表示に関するもの及び所有者の氏名，住所を新用紙に移記し，これを地番又は敷地地番の順序に従って登記簿の相当個所に編てつして登記用紙の表題部とした（一元化実施要領第３本文）。

　e　新表題部を当該登記簿に編てつした後，登記簿・台帳一元化の期日指定を受けた場合は，従前の表題部（「旧表題部」と称している。Q18（74ページ）参照）には，表示欄の余白に表題部改製の旨を記載した（一元化実施要領第20第１項）。

　そして，この旧表題部については，その裏面が甲区でない場合（昭和26年

第一章　総　　説

法務府令第110号による改正後の旧表題部）は，一元化期日指定の後に当該
土地又は建物につき所有権の登記名義人が申請した権利に関する登記（登記
名義人の表示変更を含む。）をした時に，当該登記簿より除去するが，表題
部の裏面が甲区であるもの（昭和26年法務府令第110号による改正前の旧表
題部）については，そのまま存置することとされた（一元化実施要領第20第
２項）。

　　f　裏面が甲区である登記用紙の旧表題部に「表題部改製」の旨の記載の
ある登記簿について複写機を用いて謄本を作成する場合，その旧表題部は謄
写しないのが原則であるが，訴訟や取引等の必要から「表題部改製」の旨を
記載のある旧表題部を含めて謄写の請求があった場合は，便宜これに応じて
差し支えなく，この場合の認証文は「右は登記簿の旧表題部を含めた謄本で
ある」と記載することとされた（昭和37年８月２日民事甲第2221号民事局長
回答）。

　　g　未登記の土地について，土地台帳に基づいて表題部を新設する場合，
表題部所有者の記載方法について，一元化実施要領第31は，「所有者の記載
等」として，次のように規定していた。この取扱いが，現在，記名共有地，
変型登記簿として，やっかいな問題となっている。

①　住所と土地の所在の表示に同一の部分があるときは，地番を省略する
　ことはできないが，他の同一の部分は省略してさしつかえない（２項前
　段）。

②　例えば，「五番地」，「一一番屋敷」のごとき記載のあるものについて
　は，「五」，「一一」と記載して差し支えなく，「番地」の文字は記載する
　ことを要しない（２項後段）。

③　未登記の土地について所有者の氏名のみで住所の記載が洩れている場
　合は，そのまま所有者の氏名だけを移記する（３項本文）。

④　所有者欄に，「大字何」又は単に「共有者」と記載されている場合
　は，そのままの表示で移記する（３項ただし書）。

　　h　新表題部の作成手続について，昭和35年法務省令第10号附則第３条第
２項は，「……現に効力を有するものを新表題部の用紙に記載し，登記の日
付欄に登記官吏が押印しなければならない」と規定していた。このため，新
表題部を当該登記簿に編てつした場合，登記官は，新表題部には，土地台帳

第二節　表示登記の沿革

から新用紙に移記した旨の記載を要せず（台帳一元化実施要領第18第2項後段），登記簿表題部中「登記の日付」欄の下部に押印するものとされた（同項前段。別掲【登記簿・台帳一元化】参照）。

【登記簿・台帳一元化】

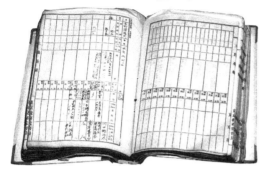
〈土地台帳〉

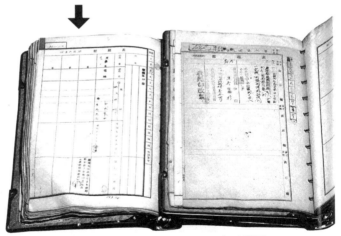
新用紙〈新表題部〉　　　　　　　　〈旧表題部〉
法務省民事局編「写真で見る不動産登記百年史」より

　この便宜的取扱いは，表示に関する登記をした場合は，登記原因及びその日付けを記載しなければならない（旧不登法51条1項）のであるが，登記簿・台帳一元化作業により，登記官が土地台帳に基づいて新表題部を作成する場合は，この作業が膨大であること，迅速に実施しなければならないこと，

143

第一章　総　　説

登記簿・台帳一元化の指定期日は官報に公示すること（昭和35年法律第14号
附則２条３項）から，特則を定め，登記原因及びその日付けの記載を省略
し，登記官の押印のみとしたものであろう。

　　ⅰ　登記簿・台帳一元化作業は，昭和35年から実施され，昭和45年に完了
した（ただし，土地台帳法の適用のなかった伊豆七島を管轄していた東京法
務局の新島，三宅島及び八丈島出張所については昭和52年に完了）。

（注１）　新谷正夫元民事局長は，土地台帳の登記所移管の経緯について，「不動産
　　の台帳登録及び表示登記制度の回顧，現状及び展望(1)」（登記インターネット２
　　巻６号10ページ）において，次のように発言している。

　　　新谷　……「台帳の移管」は，昭和二四年のシャウプ勧告によって始まるわけ
　　ですが，実は，この前に既に私どもの中で，これについて非常に重大な関心を持
　　っていた時期がありました。それは，終戦の直後で，まだ日本中すべて物資が欠
　　乏している時でありましたが，文部省から，いろいろな制度の基本問題について
　　研究するようなことがあれば助成金を出す，というようなことがありました。

　　　その話に乗って，私が我妻先生と相談し，登記制度の研究会をつくりました。
　　将来の登記制度をどうするかということをその主眼としたのでありますが，当時
　　のことをごくかい摘まんで申しますと，日本の不動産登記制度と台帳制度という
　　ものが非常に密接に絡み合っていました。しかし，これは一方は登記所ですが，
　　一方は税務署の所管になっておりまして，この二つの二元的な組織の上で，両方
　　がそれぞれ運営され，そして登記所でそれが一つになったような感じで登記法の
　　上に反映されてくる，という仕組みになっておりました。したがって，事務を扱
　　うにしても，税務署の事務と，登記所の事務と二元的なものになって，必ずしも
　　登記所だけでスムーズに仕事を運ぶということはできなかったのであります。そ
　　ういう状況の下で，いまの我妻研究会が発足いたしました。（中略）

　　　それはともかくとして，日本の登記制度をどうするかということは，いま申し
　　ましたように台帳制度の上に乗っかったような形の登記制度であります。しか
　　も，これが非常に手数と時間をかけ，国民の利便にも非常に妨げになる面もあり
　　ましたので，これをなんとか統合することはできないだろうか，ということが中
　　心議題となったのであります。

　　　「統合」と申しましても，片や登記所で，片や税務署であります。私どものほ
　　うから，大蔵省なり税務署に向かって，「台帳をこちらへよこせ」などというこ
　　とはおくびにも出せないような問題でした。しかし，登記制度のいろいろな問題
　　を研究しながらも，心の底では将来いずれ可能であれば，台帳制度と登記制度を
　　統合するような形の登記制度を作ったら非常に簡易迅速な，しかも的確合理的な
　　ものができるのではあるまいか，ということが結論的な構想ではありました。

144

第二節　表示登記の沿革

　しかし，これを表に出すわけにはいきませんでした。したがって，我々の議論の過程ではそういうことは非常に重大な問題として現れたのでありますけれども，登記と台帳の統合とか一元化というようなことは，そのままの形で眠ってしまったのであります。私どもも，できればそうしたいという気持はありましたけれども，いま申し上げましたような事情でそれはとてもできるものではない，というのが皆様の一致した意見でした。

　ところが，その研究会をしましたのが昭和二二年か二三年ごろだったと思いますが，昭和二四年にシャウプ勧告が出て税制の改革が行われることになったのであります。その当時は，従来国税であった「地租家屋税」が府県税になっておりました。

　これが，シャウプ勧告によって市町村の固定資産税となりましたので，税務署が保管している台帳が宙に浮いたような形になりました。（中略）

　そこへもってきて，ちょうどその前に「農地改革」がありました。私は，この農地改革に参画したのでありますが，その当時から「台帳」と「登記」というものが非常に密接なものであり，しかもいろいろな土地問題を解決するには，この二つがなんとかうまく合理的に動くようにすべきであろうということを関係者，特に農林省の人たちは非常に熱心に考えていました。

　私もその一人として同じような考え方を持っていましたが，たまたま昭和二四年のシャウプ勧告によって，台帳がどこへ行くかという問題が起きたときに，農林省の人がいち早く我々の所にやってきまして，「これは法務省の登記所で移管を受けたらどうか」という話を受けました。これは，農林省だけではなくて，ほかの中央官庁でも多くの関係者から「登記所が適当だ」という意見が出ました。このような状況の下で，昭和二五年に至って台帳の移管が実現したわけであります。（中略）

　いま申しましたように，我妻研究会で，台帳を登記所に統合するということが理想だということを考えながらも，実現不可能だと思っていたことが，突如として実現可能なものになってきたわけであります。そこで，我々も「これは，当然そうしていただきたい」ということで台帳の移管を受けることになったのであります。

　台帳の移管を受けました後に，いろいろな問題が出てきまして，登記制度を実質的に一元化するまでには一〇年，二〇年の歳月を経ております。しかし，台帳を登記所へ移管した当時の状況はただいま申し上げたようなことでした。

（注２）　川島一郎元民事局長は，土地台帳の登記所移管の経緯について，前掲書（登記インターネット２巻６号13ページ）において，次のように発言している。

　川島　ただいま，新谷先生のほうから移管当時の事情について詳しいご説明がございましたが，税務署から登記所へ台帳事務を移管することになったそのきっ

145

第一章　総　　説

かけというのは昭和二四年のシャウプ勧告であり，その当時の民事局長は村上さ
んで，登記の所管課である第三課の課長は新谷さんであったわけです。その村上
さんなり新谷さん，それから課員であった私や畫間種さんの台帳事務に対する考
え方はどういうものであったかというと，それは，いま新谷先生がおっしゃった
ように，我妻先生を中心とする研究会でも議論もしましたが，台帳が登記と別の
所管になっていて，そのためにいろいろな不都合が起こっている，将来は一緒に
したほうがいい，という意見が強かったように思います。

　そこへもっていってシャウプ勧告が出たということです。（中略）

　シャウプ勧告は，その府県税を今度は市町村税に，ということになるわけであ
ります。それによって，土地台帳，家屋台帳の制度はどうなるのか，ということ
が我々には大きな関心があったのであります。ところが，昭和二四年九月半ばに
シャウプ勧告の細かい内容が発表になりましたが，それにも課税台帳のことは書
いてはありませんでした。

　ちょうどその時に，九月末ごろだったと思いますが……農林省のほうからの情
報として，「台帳が市町村に移管されるらしい。法務省が台帳所管したほうがい
いのではないか」ということを言ってきました。

　なぜ言ってきたかというと，農林省は以前から農地改革の関係で農地局の職員
がしょっちゅう民事局の三課へ来ていました。農地改革というのは，国が地主か
ら農地を買い上げて，それを分筆したりして農民に売り渡すわけです。そのため
に売買の登記やこれに付随した登記，さらには土地の分筆手続など，登記や台帳
上の申請，申告が必要になってくる。それで，農林省としては台帳と登記が税務
署，登記所に別れているため非常にややっこしいということを感じていたわけで
す。それで，我々の所に言ってきたわけです。

　その話を聞いたのは，私と畫間さんですが，税務署が台帳を手離すのであれ
ば，民事局としても台帳の移管を受けてもよい，ということは既に局長も課長も
考えていたことです。

　ちょっと話が前になりますけれども，我妻先生の研究会には村上さんも毎回出
ておられましたし，我々は村上さんのお考えもよく知っていたつもりです。

　農林省の話では，かなり自治省の作業が進んでいるらしいとのことでありまし
たので，とにかく，こちらの考えを自治省に知らせておこうと思ったわけです。
……翌日私と畫間さんが自治省に行き，市町村税課長であったと思いますが，課
長の奥野さんに会って，説明し，理由書を渡して来ました。そして新谷さんが帰
ってこられた後に，今度は正式に話をしたいということで新谷さんと私が奥野さ
んと，その上の部長と会って話をしたのですけれども，「よしわかった。それじ
ゃあ，こちらでよく考えてみよう」ということになったわけです。

　私の考えでは，自治省としても，地籍というような重要な問題を市町村に持っ

第二節　表示登記の沿革

ていってしまうのは多少問題がある，と考えていたのではないか。とにかく，昭和二四年の一〇月か一一月ごろには，「それでは法務省のほうでやってもらおう」ということになってきたわけです。

（注3）　川島一郎元民事局長は，土地台帳の登記所移管時の情況について，前掲書（登記インターネット2巻6号26ページ）において，次のように発言している。

　　香川　当時のあちこちの登記所の話だと，税務署では未済事件を随分そのままにして，それを引き継いだという話を聞きますね。もうやる気がなかったのでしょうか。

　　川島　本来だったら事務を引き継ぐのですから，事務をしていた人間が一緒に来るところですよね。本来なら人員の引継ぎがあるべきでしょうけれど，これは全然なかったですよね。

　　新谷　聞いたことがないですね。

　　川島　臨時職員みたいなものは，おそらくあったと思うのですが。それからいまの話にも出ましたように，スペースがないのです。もう登記所は登記簿でいっぱいで，台帳とか地図とか大事なものが来ても，それを置いておく場所がないぐらいです。そのほかにもいろいろな測量器具などもあった。そういったことで登記所は大変だったわけです。そこへ持ってきて引き継いだ台帳や地図というのは，昭和22年に府県税になってから，税務署が多少いい加減に処理していたものです。ひどいものでは書類をただ受け付けて綴じただけあるといったようなものもあったのです。もちろん地図なども手入れをしていない。そういうところが非常に多かったのです。また地図がボロボロで，全然ないものもありました。そういった意味で登記所は，非常に大変だったわけです。どうして良いかわからなかった。ですから「あんな仕事は返してくれ」という意見もあったのです。

（注4）　平野文則元札幌法務局長は，土地台帳の登記所移管事務について，前掲書（登記インターネット2巻6号25ページ）において，次のように発言している。

　　平野　……私は，五〇年前の八月始めに千葉地方法務局登記課の末席の事務官でしたが，台帳の移管，引継事務を担当しました。しかし，……税務署と何回か事前の打合せ，協議をしたこと，引継ぎ当日は夏の暑い中数名の若手職員と共に汗と埃まみれになって台帳等の大量の物品を千葉税務署から引き継ぎ，トラックに乗って千葉本局管内の登記所に引継物品を搬送したこと，引継直前に朝鮮戦争が始まったこと位しか記憶に残っておりません。

　　今回改めて当時の引継関係の本省通達を調べてみました結果，昭和二五年二月四日民事甲第三一五号通達「土地台帳及び家屋台帳に関する事務の引継について」で示されている「土地台帳，家屋台帳事務引継要領」に基づいて引継をしたこととなります。同要領では，引継の時期を昭和二五年三月三一日（金曜日）としていましたが，第七国会に提出された土地台帳法等の改正法案は，不可分の関

第一章　総　　説

係にある地方税法改正案が不成立になったため，審議未了となり，台帳移管も延期されました。しかし，右法律案は，第八国会（臨時国会）に提出され，昭和二五年八月一日に公布即日施行の予定でしたが，結局同年七月三一日に公布，即日施行され，台帳等の引継は，七月三一日か八月一日のいずれかの日に先程の引継要領に基づいて実施されました。

　また，未済事件については，税務署において作成した未済事件表と共に関係書類を引き継ぐこととされていました。このようにして無事に引継ぎを終えたわけです。

（注5）　田中敏夫土地家屋調査士は，土地台帳の登記所移管時の未済事件処理について，前掲書（登記インターネット2巻6号27ページ）において，次のように発言している。

　田中　……私は法務局にお世話になってちょうど四年目に，引継ぎの現場で仕事をしました。まさしく未済書類が膨大に来まして，地図もそのまま線も引かれないで来たわけです。それで私が応援要員だったのですが，もともと人も誰も来ない所へ，応援要員だけがワッと行ってしまったのです。狭い登記所で，当時は備品もあまりない所でしたから，応援者の椅子もなく，座る所もなかったのです。ですから処理するについても，何に腰掛けたかと言いますと，未済書類に腰掛けたわけです。それを出してどんどん処理していくのです。

　地図は分筆などはありましても，線がありませんから，一生懸命地図に線を入れるわけです。そのときに初めて公図というものに対面したのです。当時は筆記具にしましても，ガラスペンしかありません。ガラスペンで描くと，太い線になってしまいまして，これで良いのだろうかという疑問を持ちました。しかも和紙なものですから，ガラスペンが滑らない所もあるのです。そこで小筆に当て木を添えまして，ちょうどうまい角度でやりますと，細い線が縦に引けるわけです。ところが今度は算用数字が書けないわけですから，結局漢数字で「六の一」などと書くのです。それがいま見られる旧公図に載っている，墨で書かれた地番だと思います。とにかくそういう劣悪な条件の下，何とか早くやりなさいということでした。

（注6）　登記所ごとの登記簿・台帳一元化完了期日は，巻末に掲載。

第三節　登記所及び登記官

Q 25　登記所とは何か。

A　「登記所」とは，不動産登記法において，登記事務を取り扱う法務局若しくは地方法務局若しくはこれらの支局又は若しくは出張所をいい，「登記所」という名称の行政機関が存在するわけではない。

解説

　a　国家行政組織法（昭和27年法律第120号）第３条の規定に基づいて法務省が設置され，これを受けて，法務省設置法（平成11年法律第93号）は，登記事務に関して，次のとおり定めている。

① 法務省は，国民の権利擁護を図ることを任務とすること（３条）。

② 法務省は，上記任務を達成するため登記に関する事務をつかさどること（４条21号）。

③ 地方支分部局として，法務局及び地方法務局を置くこと（15条）。

④ 法務局及び地方法務局は，登記に関する事務を分掌すること（18条１項）。

⑤ 法務局及び地方法務局の名称，位置，管轄区域及び内部組織は，政令で定めること（同条２項・３項）。

⑥ 法務局又は地方法務局の所掌事務の一部を分掌させるため法務局又は地方法務局の支局を置くことができ（19条１項），支局の名称，位置，管轄区域及び内部組織は法務省令で定めること（同条２項）。

⑦ 法務局若しくは地方法務局又はその支局の所掌事務の一部を分掌させるため法務局若しくは地方法務局又はその支局の出張所を置くことができ（20条１項），出張所の名称，位置，管轄区域及び内部組織は法務省令で定めること（同条２項）。

　b　法務省設置法第19条第２項及び第20条第２項の規定を受けて，法務局及び地方法務局の支局及び出張所設置規則（平成13年法務省令第12号）が制定されている。同規則は，法務局又は地方法務局の支局を別表支局欄，出張所を別表出張所欄のとおりにそれぞれ置くこと（１条），そして，これらの

第一章　総　　説

支局又は出張所の名称及び位置を定める（2条，3条）とともに，法務局，地方法務局，支局又は出張所の登記の事務に関する管轄区域を定めている（4条）。

　　c　不動産登記法第6条第1項は，これら規定を前提として，「登記の事務は，不動産の所在地を管轄する法務局若しくは地方法務局若しくはこれらの支局又はこれらの出張所がつかさどる」と規定し，不動産の所在地を管轄する法務局若しくは地方法務局若しくはこれらの支局又はこれらの出張所を「登記所」と定義している。

　　なお，登記法（明治19年法律第1号）第1条は，「地所建物……ノ売買譲与質入書入ノ登記ヲ請ントスル者ハ本法ニ従ヒ地所建物ハ其所在地……ノ登記所ニ登記ヲ請フ可シ」と規定し，登記事務を掌る役所を「登記所」と称していた。

　　d　以上のことから明らかなように，不動産登記法において，登記事務を取り扱う法務局若しくは地方法務局若しくはこれらの支局又は若しくは出張所を「登記所」と定義している。「登記所」という名称をもった国の行政機関があるわけではない。

Q　26　登記所の管轄とは何か。

　　A　登記所が取り扱う不動産に関する登記事務の管轄は，行政区画を基準として定められている。管轄区域以外の登記所にした登記の申請は，却下される。

解説

(1)　登記所の管轄

　　a　不動産の登記記録は，一筆の土地又は一個の建物ごとに設ける（不登法2条5号）のであるから，登記すべき不動産を管轄している登記所は，法律上，確定している必要がある。そして，土地及び建物は，建物のえい行移転（不登準則4条1項）の場合を除き，その性質上，所在が移動することはないから，不動産を管轄する登記所をその不動産の管轄登記所とすること

150

第三節　登記所及び登記官

が，不動産の物理的状況及び権利関係の公示方法として合理的である（吉野衛「注釈不動産登記総論【新版】上288ページ」）。

　そこで，不動産登記法第6条第1項は，不動産に関する登記事務は，「不動産の所在地を管轄する法務局若しくは地方法務局若しくはこれらの支局又はこれらの出張所がつかさどる」と規定している。各登記所の管轄区域は，法務局及び地方法務局の支局及び出張所設置規則（平成13年法務省令第12号）により，行政区画を基準として定められている（1条，3条）。

　なお，「不動産の所在地」とは，土地又は建物の所在する場所をいう。

　b　管轄登記所以外にした登記の申請は，補正の余地がないから，取り下げをしない限り，「申請に係る不動産の所在地が当該申請を受けた登記所の管轄に属しないとき」として，却下される（不登法25条1号）。

　誤って管轄登記所以外の登記所で登記されても，その登記は絶対的に無効である。したがって，表示に関する登記（不登法2条3号）については，登記官は，不動産登記法第28条の規定に基づき，職権をもって，その登記を抹消しなければならない。また，権利に関する登記については，登記官は，不動産登記法第71条の規定に基づき，登記権利者及び登記義務者並びに登記上の利害関係人を有する第三者に対する通知等所定の手続を執った上で，職権をもって，その登記を抹消しなければならない。

　c　いわゆる所属未定の公有水面の埋立地等は，その所属が決まるまではその管轄登記所が法律上確定しない（昭和30年5月17日民事甲第930号民事局長通達）。もっとも，埋立地が不動産登記規則第97条に規定する地番区域内に所在する場合は，当該埋立地の所在地は確定していることはいうまでもない（昭和32年9月11日民事甲第1717号民事局長回答）。

(2)　他の登記所の管轄区域への建物のえい行移転の場合

　a　表題登記（不登法2条20号）がある建物が，えい行移転（建物を取り壊さずに他の土地に移転することをいう。）により，甲登記所の管轄区域から乙登記所の管轄区域に移動した場合，当該建物の所在の変更の登記（以下，本問において「建物所在変更登記」という。）は，乙登記所が管轄登記所としてこれを取り扱う（不登準則4条1項）。

　b　建物所在変更登記が甲登記所に申請された場合，甲登記所の登記官は，乙登記所にその旨を通知し，また，乙登記所に申請された場合，乙登記

151

第一章　総　説

所の登記官は，甲登記所にその旨を通知する（不登準則4条2項）。そして，両登記所の登記官は，協力して，当該建物の所在が変更したか否かについて実地調査をする（不登準則4条2項）。

　　c　この調査の結果，建物所在変更登記の申請が相当と認められる場合において，当該申請が甲登記所にされたときは，甲登記所の登記官は，乙登記所の登記官に，関係簿書（当該申請書類を含む。）を引き継ぐ（不登準則4条3項）。

(3)　**増築等により他の登記所の管轄区域にまたがる場合**

　　a　甲登記所に登記されている建物について，増築がされたことにより，当該建物が乙登記所の管轄区域にまたがることとなった場合（別掲【事例①】参照）は，当該建物の管轄登記所は，そのまま甲登記所とする（不登準則5条前段）。

　　b　甲登記所に登記されている建物について，附属建物の新築がされたことにより，当該建物が乙登記所の管轄区域にまたがることとなった場合（別掲【事例②】参照）は，当該建物の管轄登記所は，そのまま甲登記所とする（不登準則5条前段）。

　　c　甲登記所に登記されている建物について，乙登記所の管轄に属する建物をその附属建物とする建物の合併の登記（不登法54条1項3号，不登規則130条等）がされたことにより，当該建物が乙登記所の管轄区域にまたがることとなった場合（別掲【事例③】参照）は，当該合併登記後の建物の管轄登記所は，そのまま甲登記所とする（不登準則5条前段）。

　　d　甲登記所において登記されている建物が，えい行移転により乙登記所の管轄区域にまたがることとなった場合（別掲【事例④】参照）は，当該建物の管轄登記所は，そのまま甲登記所とする（不登準則5条後段）。

　　e　甲登記所において登記されている建物が，管轄区域の変更により乙登記所の管轄区域にまたがることとなった場合は，当該建物の管轄登記所は，そのまま甲登記所とする（不登準則5条後段）。

第三節　登記所及び登記官

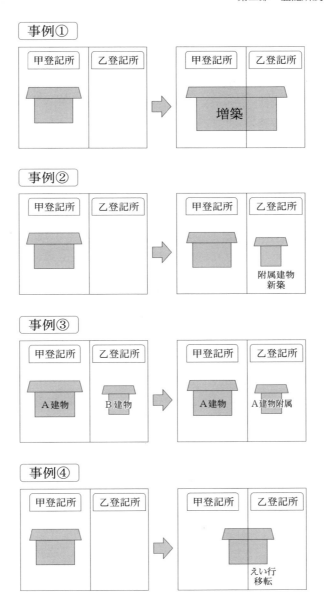

第一章　総　説

Q 27　管轄の指定とは何か。

A　「管轄の指定」とは，不動産が二以上の登記所の管轄区域にまたがる場合に，法務局又は地方法務局の長等が，当該不動産に関する登記の事務をつかさどる登記所を指定することをいう。

解説

a　不動産が二以上の登記所の管轄区域にまたがる場合は，法務大臣又は法務局若しくは地方法務局の長が，当該不動産に関する登記の事務をつかさどる登記所を指定する（不登法6条2項）。

具体的な登記所の指定方法については，不動産の管轄登記所等の指定に関する省令（昭和50年法務省令第68号）により，次のとおり定められている。

① 一個の建物が，A法務局管内に属する甲登記所と乙登記所の管轄区域にまたがって存在するとき（別掲【事例①】参照）は，A法務局長が管轄登記所を指定する（1条1号）。

② 一個の建物が，X地方法務局管内に属する甲登記所と乙登記所の管轄区域にまたがって存在するとき（別掲【事例②】参照）は，X地方法務局長が管轄登記所を指定する（1条1号）。

③ 一個の建物が，A法務局管内にあるX地方法務局管内に属する甲登記所とA法務局管内にあるY地方法務局管内に属する乙登記所の管轄区域にまたがって存在するとき（別掲【事例③】参照）は，A法務局長が管轄登記所を指定する（1条2号）。

④ 一個の建物が，A法務局管内にあるX地方法務局管内に属する甲登記

第三節　登記所及び登記官

所とB法務局管内にあるZ地方法務局管内に属する乙登記所の管轄区域にまたがって存在するとき（別掲【事例④】参照）は、法務大臣が管轄登記所を指定する（1条柱書き）。

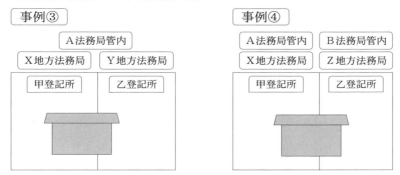

　b　管轄の指定により、指定された登記所のみが当該建物の管轄権を有することになる。
　c　甲及び乙両登記所の管轄区域にまたがって所在している建物の表題登記（不登法2条20号、47条）を申請する場合、甲・乙いずれか一方の登記所に申請すればよい（同法6条3項）。この登記の申請が甲登記所にされた場合、甲登記所の登記官は、乙登記所の登記官と協議の上、法務局若しくは地方法務局の長又は法務大臣に対して、管轄登記所の指定の請求をする（不登準則2条）。
　d　建物の表題登記が甲登記所に申請された場合において、甲登記所が管轄登記所として指定されたときは、甲登記所の登記官は、当該建物の表題登記を行う。
　e　これに対して、乙登記所が管轄登記所として指定されたときは、甲登記所の登記官は、当該申請情報（不登法18条柱書き）及び添付情報（不登令2条1号）を指定された乙登記所に移送する（不登規則40条1項）とともに、申請人に対して、その旨を通知する（同条2項）。そして、乙登記所の登記官は、当該登記が完了した後は、速やかにその旨を甲登記所に通知する（不登規則40条3項）。
　f　表題登記がある建物が、えい行移転により、甲登記所の管轄区域から乙登記所の管轄区域に移動した場合は、乙登記所が管轄登記所となる（不登

155

第一章　総　説

準則4条1項。Q26の(2)（151ページ）参照）。

　また，甲登記所に登記されている建物が，増築，附属建物の新築，建物の合併又はえい行移転がされたことにより，乙登記所の管轄区域にまたがることとなった場合は，当該建物の管轄登記所は，いずれもそのまま甲登記所となる（不登準則5条前段。Q26の(3)（152ページ）参照）。

Q 28　登記事務の委任とは何か。

A　「登記事務の委任」とは，登記事務委任規則により，ある登記所の管轄に属する事務を他の登記所に委任することをいう。

解説

　a　法務局及び地方法務局の支局及び出張所設置規則（平成13年法務省令第12号）は，法務局又は地方法務局の支局及び出張所を置き（1条），これらの支局又は出張所の名称及び位置を定める（2条，3条）とともに，法務局，地方法務局，支局又は出張所の登記の事務に関する管轄区域を定めている（4条）。

　しかし，上記規則によって定められた登記所の管轄内の区域であっても，その後の交通事情の変更等によって他の登記所の方が登記所の利用者にとって便利である事例，登記所が災害によって一時的にその事務処理が不可能になる事例，あるいは，ある登記所の事務が一時的な原因で増大して事務処理能力が追いつかない事例等が生ずることが考えられる（三浦正晴・林良平・青山正明編「注解不動産法6　不動産登記法」94ページ）。

　b　そこで，法務大臣は，ある登記所の管轄に属する事務を他の登記所に委任することができることとされている（不登法7条）。

　不動産登記法第7条は，法務大臣は，どのような場合に登記事務を委任することができるかを明らかにしていないが，同条は，旧不動産登記法第9条と同趣旨である（清水響編著「Q＆A不動産登記法」49ページ）。災害によって登記所の事務を他の登記所に委任したものとして，三宅島の火山噴火のため，東京法務局三宅島出張所の事務を東京法務局の本局に委任した事例が

156

第三節　登記所及び登記官

ある（清水・前掲書49ページ）。

　　c　登記事務の委任の方法は，登記事務委任規則（昭和24年法務府令第13号）によって行われる。すなわち，登記事務を新たに他の登記所に委任する場合及びこれを解除する場合は，その都度，登記事務委任規則を改正している。前述の東京法務局三宅島出張所の事務を東京法務局の本局に委任した事例は，登記事務委任規則第1条で，「東京法務局三宅島出張所の管轄に属する登記事務は，東京法務局で取り扱わせる。」と規定していた。

　　d　甲登記所の事務が乙登記所に委任されたときは，甲登記所の登記官は，当該不動産の登記記録（共同担保目録及び信託目録を含む。）並びに地図等（不登規則1条2号）及び登記簿の附属書類（電磁的記録に記録されている地図等及び登記簿の附属書類を含む。）を乙登記所に移送する（不登準則10条で準用する不登準則8条）。

　　そして，甲登記所から共同担保目録等の移送を受けた乙登記所の登記官は，必要に応じ，当該共同担保目録等について所用の手続を行う（不登準則10条で準用する不登準則9条2項）。

　　e　甲登記所の事務が乙登記所に委任された場合，委任された事務は，じ後，乙登記所の事務となり，乙登記所の登記官は，委任された事務を取り扱うことになる。したがって，登記事務の委任の結果，乙登記所の管轄となった不動産の登記の申請は，乙登記所にすべきであり，誤って甲登記所に申請した場合は，当該登記の申請は，不動産登記法第25条第1号の規定に基づき，「申請に係る不動産の所在地が当該申請を受けた登記所の管轄に属しないとき」として，却下される。

Q 29　管轄転属とは何か。

　A　「管轄転属」とは，行政区画の変更等によって，不動産の所在が甲登記所の管轄区域から乙登記所の管轄区域に移行することをいう。

第一章　総　　説

解　説

　a　不動産の所在地が甲登記所の管轄から乙登記所の管轄に転属すること
を「管轄転属」という。

　登記所の管轄転属が生ずる事例としては，次に掲げるような場合が考えら
れる。

① 　地方公共団体の廃置分合又は境界変更（地方自治法６条，７条）によ
って行政区画が変更され，甲登記所の管轄に属していた行政区画の全部
又は一部が乙登記所の管轄に属する行政区画に変更された場合

② 　法務局及び地方法務局の支局及び出張所設置規則（平成13年法務省令
第12号）の改正により，登記所の管轄区域に変更が生じた場合

③ 　甲登記所に登記されている建物を，えい行移転により乙登記所の管轄
区域内に移動した場合

　b　不動産の所在地が甲登記所の管轄区域から乙登記所の管轄区域に転属
したときは，甲登記所の登記官は，その登記記録（共同担保目録及び信託原
簿を含む。），地図等（不登規則１条２号）並びに登記簿の附属書類（電磁的
記録に記録されているものを含む。）（以下，本問において，これらを「登記
記録等」という。）を乙登記所に移送する（同規則32条１項）。そして，甲登
記所の登記官は，移送した登記記録並びに電磁的記録に記録されている地図
等及び土地所在図等（不登規則１条７号）を閉鎖する（同規則32条２項）。

　移送の具体的方法は，次のとおりとされている。

① 　管轄転属に伴い登記記録等を移送をする場合には，登記記録等が紛失
し，又は汚損しないように注意して，送付しなければならない（不登準
則８条１項）。

② 　移送すべき地図等が１枚の用紙に記載された地図等の一部であるとき
は，その地図等と同一の規格及び様式により，管轄転属に係る土地又は
建物に関する部分のみの写しを作成し，当該写しを送付する（不登準則
８条２項）。

③ 　移送をする場合には，移送書（不登準則別記第７号）２通（目録５通
を含む。）を添える（不登準則８条３項）。

④ 　登記簿の附属書類（土地所在図等を除く。）を直ちに移送することが
困難な特別の事情があるときは，移送書に附属書類を移送しない旨を記

第三節　登記所及び登記官

載した上，便宜，甲登記所において保管しておくことができる（不登準則8条6項前段）。この場合，乙登記所に対し，甲登記所に保管している附属書類の閲覧の請求があった場合は，乙登記所の登記官は，直ちに甲登記所の登記官に当該書類の移送を請求しなければならない（不登準則8条6項後段）。

　c　移送を受けた乙登記所の登記官の取扱いは，次のとおりである。

①　乙登記所の登記官は，遅滞なく，移送された登記記録等を移送書と照合して点検し，受領書（不登準則別記第8号）2通（目録2通を含む。この目録は，移送書に添付した目録を用いる。）を甲登記所の登記官に交付（又は送付）し，受領書の写しを作成して保管する（不登準則8条4項）。

②　移送書を受け取った乙登記所の登記官又は受領書を受け取った甲登記所の登記官は，報告書（不登準則別記第9号）により，これに移送書又は受領書（いずれも目録1通を含む。）を添えて，当該登記官を監督する法務局又は地方法務局の長に登記記録等の引継ぎを完了した旨を報告する（不登準則8条5項前段）。この場合，甲登記所及び乙登記所が同一の法務局又は地方法務局の管内にあるときは，両登記所の登記官の連署をもって作成した報告書により報告して差し支えない（不登準則8条5項後段）。

　d　乙登記所が共同担保目録の移送を受けたときは，乙登記所の登記官は，必要に応じ，当該共同担保目録の記号及び目録番号を改め，かつ，移送を受けた登記記録の乙区の従前の共同担保目録の記号及び目録番号を新たに付した記号及び目録番号に変更する（不登規則33条1項）。共同担保目録の記号及び目録番号に変更する場合は，従前の記号及び目録番号を抹消する記号を記録して，新たに付した記号及び目録番号を記録する（不登準則8条5項後段）。

　なお，この取扱いは，信託目録の「目録番号」及び地役権図面の「番号」について準用されている（不登規則33条2・3項）。

　e　乙登記所の登記官は，管轄転属をした不動産に係る地番又は家屋番号の変更を必要とするときは，職権で，その変更の登記する（不登準則9条1項）。

159

第一章　総　説

Q 30　登記事務の停止とは何か。

A　「登記事務の停止」とは，自然災害等のため，登記所において登記事務を遂行することが事実上不能となった場合に，法務大臣が，期間を定めて，登記事務の停止を命ずることをいう。

解説

　a　不動産登記法は，不動産の表示及び不動産に関する権利を公示することにより，国民の権利の保全を図り，もって取引の安全と円滑に資することを目的とする制度である（1条）から，みだりにその事務を停止すべきではないことはいうまでもない。しかし，自然災害等のため登記所において登記事務を遂行することが事実上不能となった場合は，その事務を停止せざるを得ない事態が生ずることもあり得る。

　そこで，不動産登記法第8条は，「法務大臣は，登記所においてその事務を停止しなければならない事由が生じたときは，期間を定めて，その停止を命ずることができる。」と規定している。

　b　旧不動産登記法第11条は，「其事務ヲ停止セサルコトヲ得サル事故」（傍点は筆者）と規定していたが，自然災害その他の事故が発生した場合のほか，登記事務をコンピュータ処理している中で，登記事務処理システムのメンテナンスのために登記事務の処理を停止しなけらばならない場合もこれに該当することから，「事故」によらない事由についても事務の停止を可能とするため，「事故」を「事由」に改めたのである（清水響編著「Q＆A不動産登記法」50ページ）。

　c　登記官は，水害又は火災等の事故その他の事由により登記所においてその事務を停止しなければならないと考えるときは，直ちに，当該登記官を監督する法務局又は地方法務局の長に対し，その旨及び事務停止を要する期間を報告しなければならない（不登準則6条1項）。

　この報告を受けた法務局又は地方法務局の長は，当該登記所の事務を停止しなければならない事由があると認めるときは，直ちに，法務大臣に意見書（不登準則別記5号様式）を提出しなければならない（不登準則6条2項）。

　そして，法務大臣は，この意見書に基づいて，一定期間を定めた上で，そ

第三節　登記所及び登記官

の登記所における事務の停止を命ずることになる。

Q 31　登記官とは何か。

A　「登記官」とは，法務局若しくは地方法務局若しくはこれらの支局又はこれらの出張所に勤務する法務事務官で，法務局又は地方法務局の長が指定した者をいう。登記官は，独任制の行政官庁として，自己の判断と責任において，管轄登記所における不動産に関する登記事務を行う。

解説

　a　不動産の登記に関する事務は，登記所（不動産の所在地を管轄する法務局若しくは地方法務局若しくはこれらの支局又はこれらの出張所。Q25（149ページ）参照）に勤務する法務事務官で，法務局又は地方法務局の長が指定した者が「登記官」として，これを取り扱う（不登法9条）。登記官は，登記所の規模に応じて一人ないし数人が置かれている。

　登記所には，登記官のほか登記官に指定されていない職員（法務事務官）も登記事務に従事しているが，登記官に指定されていない職員は，登記官が取り扱う登記事務を補助する者である。

　b　登記所には，首席登記官，次席登記官，統轄登記官，総括表示登記専門官，表示登記専門官，登記官等が置かれている。これらの者は，法務局及び地方法務局組織規則（平成13年法務省令第11号）に基づく行政組織上の官職である。これら行政組織上の官職についている者が当然に不動産登記法上の登記官になるわけではない。不動産登記法上の登記官となるためには，不動産登記法第9条の規定に基づき，法務局又は地方法務局の長の指定を受ける必要がある。

　登記官の指定は，登記所を特定してされる。したがって，甲登記所の登記官として指定された者は，乙登記所の登記官としての職務を行うことできない。また，甲登記所の登記官として指定された者が乙登記所に転勤となった場合は，改めて乙登記所の登記官の指定を受けなければならない。

161

第一章　総　説

　　c　登記官は，法務局又は地方法務局の長の補助機関としてではなく，独任の行政官として，個別具体的な登記事務処理については，自己の判断と責任とにおいて，独立してその権限を行使することができる。法務局又は地方法務局の長は，個別具体的な登記事件に関する登記官の処分については，審査請求を通じて，チェックすることができるにすぎない。

　　d　登記官がした登記処分又は登記申請却下処分に不服のある者は，当該登記官を監督する法務局又は地方法務局の長に対して，審査請求をすることができる（不登法156条）。

　　e　国家公務員である登記官が，故意又は過失により，登記の過誤等不当な処分をしたことによって私人に損害を加えたときは，国が損害賠償義務を負う（国家賠償法1条1項）。この場合，登記官に故意又は重大な過失があったときは，国は，当該登記官に対して求償権を取得する（国家賠償法1条2項）。

　　なお，この場合における登記官個人の被害者に対する賠償責任については，登記官個人の行為は国家の行為の中に吸収されるとして，否定的に解されている（最高裁判所昭和30年4月19日判決―最高裁判所民事判例集9巻5号534ページ・判例時報51号4ページ，最高裁判所昭和53年10月20日判決―最高裁判所民事判例集32巻7号1367ページ・判例時報906号3ページ）。

Q 32　登記官の除斥とは何か。

A　登記官又はその配偶者若しくは四親等内の親族が登記の申請人であるとき又は申請人を代表して申請するときは，その登記官は，その登記をすることができない。これを「登記官の除斥」という。

解説

　　a　不動産登記事務は，国民の重要な財産である不動産の物理的状況及び権利の得喪変更等を公示するという極めて重要なものである。したがって，このような事務を行う登記官には，厳正で，中立かつ公平な職務執行が求められる。

第三節　登記所及び登記官

　　b　そこで，登記官と一定の身分関係のある者が登記の申請人である場合には，その登記官の職務の執行が制限されるという除斥に関する規定が設けられている。すなわち，登記官又はその配偶者若しくは四親等内の親族（過去に配偶者若しくは四親等内の親族であった者を含む。）が登記の申請人であるとき又は申請人を代表して申請するときは，その登記官は，その登記をすることができない（不登法10条）。

　　「四親等内の親族」とは，四親等内の血族及び三親等内の姻族をいう（民法725条）。

　　c　除斥に関する規定に違反してされた登記は，それだけの理由で無効となることはなく，また，審査請求の対象ともならない。

　　除斥に関する規定の違反行為は，当該登記官に対する懲戒処分（国家公務員法82条）の原因になるにすぎない。

　　d　なお，旧不動産登記法第13条は，申請人が登記官本人，その配偶者又は四親等内の親族であるときは，「其登記所ニ於テ登記ヲ受ケタル成年者ニシテ且登記官ノ配偶者又ハ四親等内ノ親族ニ非サル者二人以上ノ立会」を得て登記すべき旨を定めていた。しかし，ある登記官に除斥事由があるときは，実務上は，他の登記官が処理すれば足りることから，この立会いにより登記を実行すべきとする部分は削除された。

163

第四節　登記記録等

Q 33　登記記録とは何か。

A　「登記記録」とは，表示に関する登記又は権利に関する登記について，一筆の土地又は一個の建物ごとに，表題部及び権利部に区分して作成された電磁的記録をいう。

解説

a　「登記記録」とは，表示に関する登記（不登法2条3号）又は権利に関する登記（同条4号）について，一筆の土地又は一個の建物ごとに，表題部（同条7号）及び権利部（同条8号）に区分して作成された電磁的記録（電子的方式，磁気的方式その他人の知覚によっては認識することができない方式で作られる記録であって，電子計算機による情報処理の用に供されるものをいう。）をいう（同条5号）。

b　電磁的記録の内容は，そのままの状態では人間がその内容を理解することができないから，コンピューターによって人間の理解可能な表現に変換した上で出力することによって，人間は初めてその内容を知ることができる。

紙の登記簿においては，一不動産一登記用紙の原則を採っており（旧不登法15条），登記に関する記録は，物理的にも一不動産ごとにまとめて存在していたのに対して，登記が電磁的に記録された現行法においては，紙の世界において一登記用紙として記載されていた登記情報は，物理的には磁気媒体の部分に記録されることになり，論理的に一不動産を単位とする登記情報として観念することができるにすぎない。

c　登記が電磁的に記録された場合における「登記簿」の概念は，「登記記録が記録される帳簿であって，磁気ディスクをもって調製するものをいう。」（不登法2条9号）と定義されており，登記記録を記録する媒体をいう。

なお，旧不動産登記法においては，「登記簿」という用語は，一筆の土地又は一個の建物ごとに作成される登記用紙とこれらの登記用紙がつづられている帳簿との二つの意味に使用されていたが，現行法においては，前者の登

第四節　登記記録等

記用紙の意味が第2条第5号に規定する「登記記録」に，後者の帳簿の意味が第2条第6号に規定する「登記簿」に該当することになる。

Q 34　副登記記録とは何か。

A　不動産登記情報の保全に万全を期すとともに，登記事務の円滑な遂行を確保するため，登記記録と同一事項の記録を別の場所にも備えることとされている。この登記記録を「副登記記録」という。

解説

　a　コンピュータは，膨大な量の情報を管理し，電磁的に記録することができる。しかし，膨大な量の情報を管理するコンピュータ又はその記録媒体に障害が発生すると，記録されている膨大な情報すべての処理が不能となる可能性を否定することができず，そうすると，記録媒体に記録されていた内容が不明となるおそれがある。このようなことから，電磁的な記録については，必ずバックアップシステムを構築するとともに，その記録のバックアップデータを作成し，コンピュータ又はその記録媒体に障害が発生した場合であってもその被害を最小限に抑えるように運用するのが一般的な方法である。

　国民の重要な財産である不動産の物理的状況及び権利関係を記録するという不動産登記情報の重要性に鑑みると，厳重にバックアップシステムを管理・運用し，そのデータの保全を図る必要があることは当然のことである。

　b　そこで，法務大臣は，登記記録に記録されている事項（共同担保目録及び信託目録に記録されている事項を含む。）と同一の事項を記録する副登記記録を調製することとされている（不登規則9条1項）。これは，登記記録と同一の事項の記録を別の場所にも備えることによって，データの保全に万全を期すとともに，登記事務の円滑な遂行を確保することを目的とした措置である。

　c　登記官は，大震災等自然災害の発生，コンピュータシステムの障害等により，磁気ディスク登記簿に記録した登記記録によって登記の事務を行うことができないときは，副登記記録によってこれを行うことができる（不登

第一章 総　説

規則９条２項前段）。この場合，副登記記録に記録した事項は，登記記録に
記録した事項とみなされている（不登規則９条２項後段）。そして，登記簿
に記録した登記記録によって登記の事務を行うことができるようになったと
きは，登記官は，直ちに，副登記記録に記録した事項を登記記録に記録する
（不登規則９条３項）。

Q 35　登記簿とは何か。

A　「登記簿」とは，登記記録が記録される帳簿であって，磁気ディ
スクをもって調製するものをいう。

解　説

(1)　旧不動産登記法における登記簿

a　旧不動産登記法施行当初の登記簿は，土地の登記簿と建物の登記簿が
別冊の簿冊として調製され，登記用紙の加除ができない大福帳式のものであ
って，登記番号の順序（初めて登記した順序）に編てつされていた（Q 20
（98ページ）参照）。

b　昭和26年法律第150号による法改正により，登記簿は，用紙の加除が
自由にできるようなバインダー式帳簿にすること，登記用紙は，土地は地番
の順序により，建物は家屋番号の順序により，それぞれ編てつすることとさ
れた。

これを受けて，昭和26年法務府令第110号による省令改正によって，登記
簿はバインダー式帳簿（用紙ノ保存ヲ厳重ナラシムル装置ヲ具フルモノ）と
すること（旧不登細則１条２項），土地登記簿及び建物登記簿は，表紙及び
目録を付して，土地又は建物の各登記用紙を編てつして調製すること（同条
１項）とされた。

登記簿のバインダー化（Q 23（131ページ）参照）の作業は，各登記所に
つき法務総裁が指定し，各登記所ごとに計画的に進められた（昭和26年法律
第150号附則３項，昭和26年法務府令第110号附則２項）。

c　登記簿には表紙を設け（旧不登細則１条１項），地番区域，冊号及び

166

第四節　登記記録等

登記所名を記載した（旧不登細則附録第1号様式，旧不登準則16条。別掲
【土地（建物）登記簿表紙】参照）。

【土地（建物）登記簿表紙】

土地（建物）登記簿

法務局　地方法務局

　登記簿には目録を設け（旧不登細則1条1項），地番区域，（土地にあって
は）地番又は（建物にあっては）家屋番号，編てつの年月日，登記官印，除
却の年月日，登記官印及び備考の各欄が設けられた（旧不登細則7条，旧不
登細則附録第2号様式，同附録第2号ノ2様式。別掲【土地登記簿目録】及
び【建物登記簿目録】参照）。

【土地登記簿目録】

地番区域							地番区域						
地番	編綴の年月日	登記官印	除却の年月日	登記官印	備考		地番	編綴の年月日	登記官印	除却の年月日	登記官印	備考	

（30行欄）　　　　　　　　　　　　　　（30行欄）

167

第一章　総　　説

【建物登記簿目録】

地番区域							地番区域						
地番	家屋番号	編綴の年月日	登記官印	除却の年月日	登記官印	備考	地番	家屋番号	編綴の年月日	登記官印	除却の年月日	登記官印	備考

（30行欄）　　　　　　　　　　　　　　（30行欄）

　　d　登記簿は，一つの不動産ごとに一登記用紙を備え，物理的にも一つの不動産ごとに存在していた。すなわち，登記用紙は，土地登記簿にあっては地番の順（旧不登細則３条１項）に，建物登記簿にあっては家屋番号の順（同条２項）に，それぞれ編てつした。そして，一地番区域に属する登記用紙の全部が一冊のバインダー式登記簿に編てつできないときは，地番又は家屋番号の順序に，順次冊号を追って付した別冊のバインダー式登記簿として編成した（旧不登準則15条）。

　(2)　旧不動産登記法における「登記簿」の二元的意味

　　a　旧不動産登記法は，「登記簿」という用語を，バインダー式帳簿に登記用紙を逐次編てつして調製した統一的な簿冊を意味する場合と，この簿冊に編てつされた個々の不動産ごとの登記用紙それ自体を意味する場合（旧不登法21条等）との二つの意味に用いていた。

　　b　前者の例としては，旧不動産登記法第14条（登記簿の種類），同法第15条（一不動産一登記用紙主義），同法第16条（登記用紙の編成），同法第19条（登記簿滅失の場合の申請書編てつ簿），同法第20条（登記簿の保存期間），同法第22条（登記簿の持出禁止），同法第23条（登記簿滅失の手続），同法第24条（登記簿滅失のおそれの措置）等がある。

　　c　後者の例としては，旧不動産登記法第21条（登記簿謄本の交付手続）等がある。

　(3)　現行法における登記簿

第四節　登記記録等

　a　現行法は，「登記簿」について，「登記記録が記録される帳簿であって，磁気ディスク……をもって調製するものをいう」と定義している（不登法2条9号）。したがって，登記簿は，専ら登記記録を記録する媒体を示す概念ということになる。

　b　旧不動産登記法における登記簿は，土地と建物とは別個の不動産であること（民法86条1項，不登法2条1号）に加え，登記簿の管理及び登記事務の効率性の観点から，土地登記簿と建物登記簿とに分けていた（旧不登法14条，旧不登細則1条）。しかし，現行法における登記簿は，登記記録を集合的に記録した媒体を示す概念であり，コンピュータとプログラムによって，一筆の土地又は一個の建物ごとの登記に関するデータを登記記録として編集して出力することができるから，土地登記簿と建物登記簿とを区別する必要がない。このため，現行法においては，土地登記簿と建物登記簿との区別は廃止された（不登法2条9号，12条参照）。

Q 36　閉鎖登記簿とは何か。

　A　旧不動産登記法においては，登記用紙を閉鎖したときは，閉鎖登記簿に編てつし，一定期間保存することとされていた。

解説

　a　旧不動産登記法施行当初の登記簿は，土地の登記簿と建物の登記簿が別冊の簿冊として調製され，登記用紙の加除ができない大福帳式のものであった（Q20（98ページ）参照）から，土地又は建物の滅失の登記，土地の合筆の登記や建物の合併の登記等をした場合であっても，当該登記用紙は大福帳式登記簿から除却することができなかった。

　b　その後，登記簿の様式が大福帳式からバインダー式に変更され（登記簿のバインダー化についてはQ23（131ページ）参照），登記用紙の加除が可能になったこと（昭和26年法律第150号）に伴い，①登記簿に閉鎖された登記用紙の登記簿が混在していると閉鎖されていない登記用紙の登記簿の検索に不便であること，②閉鎖されていない登記用紙の登記簿は永久保存である

169

第一章　総　説

のに対して，閉鎖された登記用紙の登記簿は一定期間保管後は廃棄されることから，廃棄期間ごとに分けて管理することが便利であること等を考慮して閉鎖登記簿が新設された。

　閉鎖登記簿は，表紙及び目録を設け，閉鎖した土地又は建物の登記用紙を編てつして調製した（旧不登細則10条）。閉鎖登記簿の表紙は旧不動産登記法施行細則附録第5号様式（別掲【土地（建物）閉鎖登記簿表紙】参照）により，また，土地閉鎖登記簿の目録は同細則附録第2号様式（Q35別掲【土地登記簿目録】（167ページ）参照）により，そして，建物閉鎖登記簿の目録は同細則附録第2号ノ2様式（Q35別掲【建物登記簿目録】（168ページ）参照）により調製した。

【土地（建物）閉鎖登記簿表紙】

```
┌─────────────────────┐
│                     │
│     土               │
│     地               │
│     （               │
│     建               │
│     物               │
│     ）               │
│  法      閉          │
│  務      鎖          │
│  局      登          │
│          記          │
│  地      簿          │
│  方                  │
│  法                  │
│  務                  │
│  局                  │
│                     │
└─────────────────────┘
```

　c　閉鎖された登記用紙の保存期間は，閉鎖登記簿の制度が新設された当時は，土地及び建物とも30年間とされた（昭和26年法律第150号による改正後の旧不登法24条ノ2第2項）。その後，昭和35年法律第14号によるの法改正により，閉鎖された登記用紙の利用が少ないこと，権利の消滅時効の期間が最大で20年であること（民法167条2項等）及び登記所の書庫の狭あいが緩和できることを考慮して，保存期間は20年間に短縮された（同改正法よる改正後の旧不登法24条ノ2第2項）。

　しかし，登記事務のコンピュータ処理のための法改正（昭和63年法律第81号）において，磁気ディスクに記録した情報については，紙で調製する帳簿と異なり，保管場所の問題はほとんどないことから，土地の閉鎖登記用紙は

第四節　登記記録等

50年間，建物保存の閉鎖登記用紙は30年間保存することとされた（同改正法による改正後の旧不登法24条ノ2第2項）。

　d　旧不動産登記法による閉鎖登記簿の謄本若しくは抄本の交付及び閲覧については，従前どおりとされている（昭和16年法律第123号附則3条4項）。

　e　現行法においては，閉鎖登記簿は，次の理由等から廃止された。

①　登記事務のコンピュータ処理においては，登記簿に閉鎖された登記記録と閉鎖されていない登記記録とが混在して記録されていても，それぞれの登記記録の検索に不都合はないこと。

②　保存期間満了により閉鎖された登記記録を検索することが容易であること。

③　登記記録が閉鎖される都度，別の閉鎖された登記記録専用の磁気ディスク等に移し替えることはコンピュータ処理上非効率であること。

Q 37　一不動産一登記記録の原則とはどういうことか。

A　「一不動産一登記記録の原則」とは，不動産登記記録編成上の大原則であり，これには，①一個の不動産につき二以上の登記記録を設けることは許されないこと，②数個の不動産を一登記記録に登記することは許されないこと，③一個の不動産の一部につき一登記記録を設けることは許されないこと，という意味がある。

解説

　a　近代物権法においては，物権の客体は，独立の物であることを要し，物の一部又は物の集団は原則として一つの物権の客体とすることができない（一物一権主義）。これは，物の一部又は物の集団の上に一つの物権を認める取扱いの下では，その公示方法が困難であるばかりでなく，公示の明確性を期することが困難であるからである。

　また，不動産登記法は，不動産に関する取引そのもの，あるいは権利の主体をその編成の単位とするのではなく，権利の目的となる土地又は建物を中心として登記記録（不登法2条5号）を編成する，いわゆる「物的編成主

171

第一章　総　　説

義」を採っている。

　そして，この物的編成主義を採る以上，一物一権主義の原則からすると，一筆の土地又は一個の建物ごとに登記記録を設けて登記をしていくことは，公示の簡明性と確実性という面からの要請であると考えられる。

　そこで，不動産登記法第2条第5号は，「一筆の土地又は一個の建物ごとに……作成される電磁的記録」を「登記記録」と定義し，一不動産一登記記録の原則を明らかにしている。

　b　この「一不動産一登記記録の原則」には，次の三つの意味が含まれている。

　①　一個の不動産につき二以上の登記記録を設けることは許されないこと（一不動産につき二重登記は許されない。）。

　②　数個の不動産を一登記記録に登記することは許されないこと。ただし，主たる建物とその附属建物（不登法2条23号）は，これらを併せて一個の建物として取り扱うことができる。

　③　一個の不動産の一部につき一登記記録を設けることは許されないこと。

　これは，不動産物権は，一物一権主義によって各個の不動産ごとに成立するから，その変動の態様も，不動産一個ごとに異なるのが通常であり，したがって，不動産に関する物権の変動を正確に，かつ，分かりやすく公示するためには，同一の不動産に関する権利関係につき二以上の登記記録を設けること（上記①），逆に，数個の不動産に関する権利関係を一登記記録に記録すること（同②），あるいは一個の不動産の一部につき一登記用紙を設けること（同③）は，いずれも公示上の明確性を欠き，取引の安全を害することになると考えられるからである。

　c　「一不動産一登記記録」という場合の「一不動産」とは何かが問題となる。

　土地は，自然の状態のままでは，公有水面によって遮断されるまでは無限に連続しているが，田や畑にあっては用水や施肥等の関係から畔畦等によって一枚ごとに，宅地にあっては塀や生け垣等によって一敷地ごとに区分して利用されてきたが，不動産登記法上の土地の個数は，土地の登記記録を基準として定められているのであるから，現実に土地がどのように区画，利用さ

第四節　登記記録等

れいるかということは不動産登記手続における土地の個数に関係ない。一筆の土地として登記がされ，当該土地について一つの登記記録が設けられてはじめて一筆の土地となるのである。

　なお，所有者は，一筆の土地を区画し，あるいは標識を設けること等によって任意に数個の土地に分割した上，そのそれぞれを譲渡の目的とすることができ，数個の土地に分割するについては特に土地の登記記録によって公認される必要はなく，ただ，数個の土地に分割して譲渡した場合に，その譲渡の登記をするに当たっては，その前提として分筆の登記が必要であるが，契約当事者間においてはそれ以前に既に権利移転の効力を生じると解されている（大審院大正13年10月7日判決─大審院民事判例集3巻476ページ，最高裁判所昭和30年6月24日判決─最高裁判所民事判例集9巻7号919ページ等）。

　d　建物は，一棟の建物が不動産登記手続における一個の建物となるのが通常であるが，数棟の建物が効用上一体として利用されているような附属建物については，主たる建物と合わせて一個の取引単位として，登記記録上一個の建物として取り扱うこととされている（不登法2条23号，44条1項5号，不登準則78条1項）。

　また，区分所有法第1条の要件を備えている一棟の建物について区分建物（不登法2条22号）として登記された場合は，各専有部分（区分所有法2条3項）を不動産登記手続における一個の建物として取り扱う。そして，区分建物の登記記録の表題部（不登法2条7号）は，一棟の建物の表示欄と専有部分の表示欄とで構成されている（不登規則4条3項，別表3）。また，区分所有者（区分所有法2条2項）は，原則としてその有する専有部分と敷地に関する権利（敷地利用権。同条6項）とを分離して処分することができない（一体性の原則。同法22条1項）ので，この一体性の原則が適用される場合には，その旨を土地及び建物の登記記録に公示した上，以後は，専有部分と敷地利用権とについて一体的に生ずる物権変動については，建物の登記記録のみに記録することによって公示をしていくという手続構造になっている。

　e　一不動産一登記記録の原則は，登記記録編成上の基本原則から生ずるものであるから，この原則に違反する登記（二重登記等）は許されない。すなわち，既登記の土地又は建物について，更に表題登記（不登法2条20号，

第一章　総　説

土地につき同法36条，建物につき同法47条）が申請された場合，当該申請は却下される（不登法25条3号）。もし，当該登記の申請が見過ごされて登記されたときは，原則として，後にされた表題登記は，たとえ第三者の権利に関する登記が経由されている場合あっても，登記官の職権によって抹消される（昭和39年2月21日民事甲第384号民事局長通達）。二重登記については，Q38を参照されたい。

　f　旧不動産登記法における区分建物の登記については，一不動産一登記用紙の原則の例外として，一棟の建物ごとに一登記用紙を備えることとされていた（旧不登法15条ただし書，16条ノ2）。これは，一棟の建物の表示に関する登記事項は，各区分建物に共通する事項であるので，物理的に共通の表題部を設けて，区分建物ごとに同一の登記事項の記載を省略することとしたものであり，この取扱いは，紙の登記用紙においては合理性があった。

　しかし，登記事務のコンピュータ処理が前提となっている現行法においては，区分建物について，一不動産ごとに一登記記録を作成するという原則を維持することにしても，問題はない。そこで，現行法においては，区分建物についても，一不動産一登記記録の原則を維持することとした。これに伴い，ある区分建物の表題部の一棟の建物に関する登記事項の変更の登記又は更正の登記がされた場合には，同じ一棟の建物に属する他の区分建物についてされた変更の登記又は更正の登記としての効力を有することとし，登記官が職権で他の区分建物について一棟の建物に関する登記事項の変更の登記又は更正の登記をすべき旨の規定が新設された（不登法51条5項・6項，53条2項）。

Q 38　二重登記とは何か。

　A　「二重登記」とは，同一の不動産について二重に（重複して）登記記録が設けられていることをいう。「重複登記」ともいう。

解説

(1)　二重登記の意義

第四節　登記記録等

　　a　土地又は建物の登記記録は，一筆の土地又は一個の建物ごとに作成する（不登法２条５号）。「一不動産一登記記録の原則」（Q37（171ページ）参照）といわれるものである。

　　b　既登記の土地又は建物について，重ねて土地又は建物の表題登記（不登法２条20号）の申請（土地につき同法36条，建物につき同法47条）があった場合は，この登記の申請は，「申請に係る登記が既に登記されているとき」として，却下される（同法25条３号）。

　　しかし，現実には，同一の不動産について二重に（重複して）登記記録（不登法２条５号）が設けられ，その各登記記録に各別に登記が経由されている事例が見受けられる。これが「二重登記」あるいは「重複登記」といわれるものである。

　　c　昭和35年法律第14号附則第２条及び昭和35年法務省令第10号附則第２条ないし６条の規定に基づく登記用紙の表題部の改製及び新設の作業（登記簿・台帳の一元化作業（Q24（136ページ）参照））は，登記簿・台帳一元化実施要領（昭和35年４月１日民事甲第685号民事局長通達。以下，本問において「一元化実施要領」という。）によって，次のように行われた。

　　一元化実施要領においては，二重登録又は二重登記の疑いがあるもの（同一の地番若しくは同一の家屋番号の付されているもの又は二重登録若しくは二重登記の旨が付箋等により明らかにされているものをいう。）については，各台帳（未登録の土地又は建物については各登記用紙）に基づいて移記し（一元化実施要領第10第１項），移記した新用紙の第一葉上部欄外の地番又は家屋番号を記載する枠の右側に，「二重登記」，「何番と二重登記」又は「敷地番何番と二重登記」と記載する（同第10第２項）取扱いであった。

　　そして，これの登記簿への編てつ方法は，①同一の地番又は家屋番号の記載されている新用紙が二個以上存するときは，所有権の登記がされた順序（所有権の登記がされていないものについては適宜の順序）に編てつし（一元化実施要領第49第１号），②地番又は家屋番号の記載が同一でないものについては，これらを一括して同一個所に編てつすることなく，それぞれ地番又は敷地地番の順序に従って編てつする（同第２号）。

　　d　二重登記となっている登記簿は，地番又は家屋番号が重複しているため，コンピュータへの移行作業を行うこと（不登法附則３条１項，不登規則

第一章　総　　説

3条1項本文）ができず，いわゆる「不適合物件」（不登規則附則3条1項ただし書）として，取り扱われている。

(2)　二重登記の発生原因

a　二重登記は，表示に関する登記制度が創設された（昭和35年法律第14号）後に発生したものは極めて稀であり，次の掲げるとおり，登記制度と台帳制度とが併存して時代に発生したものがほとんどである。

①　大福帳式登記簿（Q20（108ページ）参照）当時においては，登記申請の都度，地番とは別に付された登記番号の順に登記がされていたことから，二重登記となった事例

②　旧家屋台帳法施行前の建物については，所有権保存の登記申請書に添付された建物の図面（Q18（76ページ）参照）に基づいて，建物の物理的存在について実地調査をすることなく登記されていたことから，二重登記となった事例

③　旧家屋台帳法施行後においても，家屋番号は，地番とは何ら関係なく，地番区域ごとに，家屋台帳に登録した順に付番されていたことから，二重登記となった事例

④　所有権保存の登記は，台帳上の所有者からの申請に基づいて行い，その登記をした登記官は税務官署に対して登記済みを通知し，税務官署はこの通知に基づいて台帳に登記済の旨を記載する取扱いであったところ，台帳にこの登記済みの旨の記載が遺漏していると，所有権登記がされていない旨の記載のある台帳謄本に基づいて，再度，所有権保存の登記が申請され，二重登記となった事例

⑤　土地台帳上において「国有地成」と記載されているものの，国への所有権移転の登記を嘱託していなかったことから，二重登記となった事例

b　このほか，甲から乙へ所有権移転の登記が経由されていた土地について戦災等によって登記簿が滅失し，滅失回復登記期間（旧不登法23条）徒過後に甲から申請に基づいて甲名義の所有権保存登記がされたことから，二重登記となった事例もある。

c　また，自作農創設特別措置法（昭和21年法律第43号）に基づいて買収した農地が広大なためこれを分割した上で小作人に売り渡す場合に，分筆及び合筆の登記を省略してこれら土地の登記用紙を閉鎖し，分筆後の各土地に

176

第四節　登記記録等

つき，小作人名義で所有権保存の登記を嘱託することができる便宜的取扱い
が認められていた（自作農創設特別措置登記令（昭和22年勅令第79号）14
条，19条）ところ，登記用紙の閉鎖の申出をしないまま（閉鎖すべき登記用
紙を存続したまま），売り渡した小作人等のための所有権保存の登記が嘱託
された結果，二重登記となった事例が多数生じた。自作農創設特別措置法に
基づく登記の特例についてはQ19（80ページ）を参照されたい。

Q 39　二重登記はどのようにして解消するのか。

A　二重登記については，原則的として後にされた登記について，重
複登記を登記原因として，表題登記を抹消する。

解説

(1)　登記簿・台帳併存時の取扱い

　a　昭和35年法律第14号による改正前においては，表示に関する登記に相
当するものは，土地台帳又は家屋台帳が担っていた。このため，登記用紙
は，台帳に基づき，所有権保存の登記申請によって，新設された。したがっ
て，二重登記とは，二重の所有権に関する登記と観念されていた。

　b　このため，同一の建物について二重登記であることが判明したとき
は，登記官は，後にされた登記を，職権（旧不登法149条ノ2）により，抹
消した（昭和30年7月4日民事甲第1346号民事局長通達記二本文）。

　c　ただし，建物について，同一登記名義人によって二重に所有権保存の
登記が経由された場合において，後に設けられた登記用紙に第三者の権利に
関する登記があり，先に設けられた登記用紙にはこれがないときは，便宜，
後の登記を有効とした（昭和30年4月22日民事甲第698号民事局長回答，前
掲昭和30年第1346号通達記二ただし書も同旨）。

　d　しかし，登記名義を異にして二重に所有権保存の登記が経由されてい
る場合は，実体上の権利関係に符合している登記を有効と解し，登記官は，
そのいずれの登記をも職権で抹消することができず，一方の所有権の名義人
を登記義務者としてされた新たな所有権移転の登記申請は，「申請書ニ掲ケ

177

第一章　総　説

タル登記義務者ノ表示カ登記簿ト符合セサルトキ」（旧不登法49条6号）として，却下した（前掲昭和30年第1346号通達記三後段）。

(2)　現在の取扱い

a　昭和35年法律第14号による改正によって，表示に関する登記制度が創設された後においては，二重登記の問題は，所有権に関する二重登記の問題ではなく，表示に関する登記の問題，すなわち土地又は建物の表示の登記（表題登記。不登法2条20号）の登記用紙（登記記録。同条5号）の重複の問題となった。したがって，二重登記の解消は，登記官が職権ですることが可能となった。

b　そこで，原則的として後にされた建物の登記が無効であり，登記官は，後にされた登記について，重複登記を登記原因として，職権（旧不登法25条ノ2）により，建物の表示の登記を抹消する（昭和37年10月4日民事甲第2820号民事局長通達）。

c　ただし，同一登記名義人によって二重に所有権保存の登記が経由された場合において，後に設けられた登記用紙に第三者の権利に関する登記があり，先に設けられた登記用紙にはこれがないときは，便宜，先に設けた登記用紙について表示の登記を抹消して差し支えない（昭和39年2月21日民事甲第384号民事局長通達(1)）。

d　次に，二重登記の所有権の登記名義人が異なる場合は，後にされた登記について，重複登記を登記原因として，職権により，土地又は建物の表示の登記を抹消する（前掲昭和39年第384号通達(2)）。

e　そして，甲の所有権保存登記（第1登記）後，債権者丙，所有者を乙とする未登記建物の差押登記記入の登記嘱託に基づき所有者乙の所有権登記及び差押登記記入の登記がされた（第2登記）ことによって二重登記（両建物の登記は，家屋番号は異なるが，所在，種類・構造が同一であり，床面積もほぼ同一である。）となった場合は，登記官は，重複登記を登記原因（登記簿表題部には「何番と重複」と記載する。）として，職権により，第2登記の建物表示登記を抹消し，当該登記用紙を閉鎖する（前掲昭和37年第2820号通達）。

f　しかし，先に設けられた登記用紙には甲のための所有権保存登記及び甲相続人乙のための相続による所有権移転登記が経由されているのに対し

178

第四節　登記記録等

て，後に設けられた登記用紙には乙のための所有権保存登記及び乙から丙への所有権移転登記が経由されている（いずれの登記用紙にも第三者の権利に関する登記はない。）場合は，先に設けられた登記用紙は実質的には同一の所有権の登記名義人と解することができるから，登記官は，便宜，先に設けられた登記用紙について，職権により，表示登記を抹消する（昭和44年4月21日民事甲第868号民事局長通達）。

Q 40　登記記録はどのような編成になっているか。

A　登記記録は，土地については一筆の土地ごとに，建物については一個の建物ごとに，それぞれ一登記記録を設け，表題部にそれぞれ表示に関する登記を，また，権利部の甲区に所有権に関する登記を，同乙区に所有権以外の権利に関する登記を，それぞれ記録する。

解説

(1)　総論

　a　「登記記録」とは，一筆の土地又は一個の建物ごとに作成される電磁的記録をいう（不登法2条5号）。

　b　旧不動産登記法当時の登記情報は，紙を用いて，一つの登記用紙に記載していた。これに対して，現行法の登記情報は，物理的には磁気媒体の部分に記録されることになり，また，論理的には一つの不動産を単位とする一つの情報のまとまりとして観念することになる。このように，「登記記録」とは，電磁的に記録されている形式で存在する登記に関する記録の内容を，一つの不動産ごとに把握した概念であって，これは，情報の記録形式とその内容の両者を含むものである。

　c　登記記録は，表題部と権利部に区分して作成される（不登法12条）。そして，「表題部」とは表示に関する登記が記録される部分を（不登法2条7号），また，「権利部」とは権利に関する登記が記録される部分をいう（同条8号）。具体的には次のとおりである。

179

第一章　総　　説

(2)　土地表題部

　a　土地の登記記録の表題部は，「地図番号欄」，「土地の表示欄」及び「所有者欄」に大別されている（別掲【土地表題部】参照）。

　そして，「土地の表示欄」は，「不動産番号欄」，「所在欄」，「地番欄」，「地目欄」，「地積欄」，「原因及びその日付欄」並びに「登記の日付欄」に細分されている（不登規則4条1項，別表1）。

　b　電磁的記録である登記記録は，紙を用いた登記用紙のように，具体的な所在欄，地番欄が物理的に存在するのではなく，データの論理的まとまりを意味し，システム上このような論理的区分に従って記録されているにすぎず，これら区分された各欄は，土地の登記事項証明書の様式（不登規則197条2項1号，別記7号）における各欄と一致しているものである。

【土地表題部】

所有者欄	土地の表示欄							地図番号欄	第一欄
	登記の日付欄	原因及びその日付欄	地積欄	地目欄	地番欄	所在欄	不動産番号欄		
所有者及びその持分	閉鎖の年月日　登記の年月日　閉鎖の事由	河川区域内又は高規格堤防特別区域内、樹林帯区域内、特定樹林帯区域内若しくは河川立体区域内の土地である旨　登記原因及びその日付	地積	地目	地番	所在	不動産番号	地図の番号又は図郭の番号並びに筆界特定の年月日及び手続番号	第二欄

(3)　非区分建物表題部

　a　区分建物（不登法2条22号）でない建物（以下，本問において「非区分建物」という。）の登記記録の表題部は，「所在図番号欄」，「主である建物の表示欄」，「附属建物の表示欄」及び「所有者欄」に大別されている（別掲【非区分建物表題部】参照）。

　そして，「主である建物の表示欄」は，「不動産番号欄」，「所在欄」，「家屋

番号欄」，「種類欄」，「構造欄」，「床面積欄」，「原因及びその日付欄」並びに「登記の日付欄」に細分されている（不登規則4条2項，別表2）。

　　b　「附属建物の表示欄」は，「符号欄」，「種類欄」，「構造欄」，「床面積欄」，「原因及びその日付欄」並びに「登記の日付欄」に細分されている（不登規則4条2項，別表2）。

【非区分建物表題部】

第一欄		第二欄
所在図番号欄		建物所在図の番号
主である建物の表示欄	不動産番号欄	不動産番号
	所在欄	所在（附属建物の所在を含む。）
		建物の名称があるときは，その名称
	家屋番号欄	家屋番号
	種類欄	種類
	構造欄	構造
	床面積欄	床面積
	原因及びその日付欄	登記原因及びその日付
		建物を新築する場合の不動産工事の先取特権の保存の登記における建物の種類，構造及び床面積が設計書による旨
欄		閉鎖の事由
登記の日付欄		登記の年月日
		閉鎖の年月日

符号欄		附属建物の符号
種類欄		附属建物の種類
構造欄		附属建物の構造
附属建物の表示欄		附属建物が区分建物である場合における当該附属建物が属する一棟の建物の所在，構造，床面積及び名称
		附属建物が区分建物である場合における敷地権の内容
床面積欄		附属建物の床面積
原因及びその日付欄		附属建物に係る登記の登記原因及びその日付
		附属建物を新築する場合附属建物の不動産工事の先取特権の保存の登記における建物の種類，構造及び床面積が設計書による旨
登記の日付欄		附属建物に係る登記の年月日
所有者欄		所有者及びその持分

⑷　区分建物表題部

　　a　区分建物の登記記録の表題部は，一棟の建物の表題部及び区分建物の表題部に大別されている（別掲【区分建物表題部】参照）。前者は，「専有部

第一章　総　説

分の家屋番号欄」,「一棟の建物の表示欄」及び「敷地権の目的たる土地の表示欄」に，また，後者は，「専有部分の建物の表示欄」,「附属建物の表示欄」,「敷地権の表示欄」及び「所有者欄」に区分されている（不登規則4条3項，別表3）。

　　b　一棟の建物の表題部については，「一棟の建物の表示欄」は，「所在欄」,「所在図番号欄」,「建物の名称欄」,「構造欄」,「床面積欄」,「原因及びその日付欄」並びに「登記の日付欄」に，また，「敷地権の目的たる土地の表示欄」は，「土地の符号欄」,「所在及び地番欄」,「地目欄」,「地積欄」並びに「登記の日付欄」に細分されている（不登規則4条3項，別表3）。

　　c　区分建物の表題部については，「専有部分の建物の表示欄」は，「不動産番号欄」,「家屋番号欄」,「建物の名称欄」,「種類欄」,「構造欄」,「床面積欄」,「原因及びその日付欄」並びに「登記の日付欄」に細分されている。また，「附属建物の表示欄」は，「符号欄」,「種類欄」,「床面積欄」,「原因及びその日付欄」並びに「登記の日付欄」に細分されている。さらに，「敷地権の表示欄」は，「土地の符号欄」,「敷地権の種類欄」,「敷地権の割合欄」,「原因及びその日付欄」並びに「登記の日付欄」に細分されている（不登規則4条3項，別表3）。

　　d　旧不動産登記法においては，区分建物については，一棟の建物の表示は，各区分建物に共通であることから，これについて物理的に共通の表題部を設けて，各区分建物ごとに同一事項を記載する手間を省く等のため，一不動産一登記用紙の原則の例外として，一棟の建物ごとに一登記用紙を備える

【区分建物表題部】

第一欄	第二欄		の建物	床面積欄	一棟の建物の床面積
一棟の建物の表題部				原因及びその日付欄	一棟の建物に係る登記の原因及びその日付
専有部分の家屋番号欄	一棟の建物に属する区分建物の家屋番号欄		表 示 欄	付	建物を新築する場合の不動産工事の先取特権の保存の登記
一棟	所在欄	一棟の建物の所在			
	所在図番号欄	建物所在図の番号			建物の種類，構造及び床面積が設計書による旨
	建物の名称欄	一棟の建物の名称			
	構造欄	一棟の建物の構造			閉鎖の事由

182

第四節　登記記録等

表示表の建物（一棟の建物・区分建物の表題部）／敷地権の目的である土地

欄	記録事項
登記の日付欄	一棟の建物に係る登記の年月日
符号欄	閉鎖の年月日
土地の符号欄	敷地権の目的である土地の符号
番号及び所在欄	敷地権の目的である土地の所在及び地番
地目欄	敷地権の目的である土地の地目
地積欄	敷地権の目的である土地の地積
登記の日付欄	敷地権の目的である土地に係る登記の年月日
原因及びその日付欄	敷地権の目的である土地の表題部の登記又は変更若しくは錯誤若しくは遺漏がある場合の表題部の変更又は更正の登記の登記原因及びその日付

区分建物の表題部（専有部分の建物の表示）

欄	記録事項
不動産番号欄	不動産番号
家屋番号欄	区分建物の家屋番号
名称欄	区分建物の名称
種類欄	区分建物の種類
構造欄	区分建物の構造
床面積欄	区分建物の床面積
原因及びその日付欄	区分建物に係る登記の原因及びその日付
	団地共用部分である旨
	共用部分である旨
	建物を新築する工事に先立ち建物の不動産を表題登記する建物の種類、構造及び床面積が設計書による旨

表示表の建物（附属建物）

欄	記録事項
登記の日付欄	区分建物に係る登記の年月日
符号欄	附属建物の符号
種類欄	附属建物の種類
構造欄	附属建物の構造
	附属建物が区分建物である場合における所在する一棟の建物、床面積及びその名称
床面積欄	附属建物の床面積
	附属建物が区分建物である場合における権利の内容 所在する敷地
原因及びその日付欄	附属建物に係る登記の原因及びその日付
	附属建物を新築する工事に先立ち附属建物の不動産を表題登記する建物の種類、構造及び床面積が設計書による旨
登記の日付欄	附属建物に係る登記の年月日

表示表の敷地権

欄	記録事項
土地の符号欄	敷地権の目的である土地の符号
種類欄	敷地権の種類
割合欄	敷地権の割合
原因及びその日付欄	敷地権に係る登記の原因及びその日付
	附属建物に係る敷地権である旨
登記の日付欄	敷地権に係る登記の年月日
所有者欄	所有者及びその持分

183

第一章　総　説

こととされていた（旧不登法15条ただし書，16条ノ2）。しかし，登記事務がコンピュータ処理される制度の下では，区分建物についても，他の不動産と同様に，一つの不動産ごとに一登記記録を作成するという原則を維持することにしても，事務処理上の問題はないので，現行法においては，一不動産一登記用紙の原則の例外を設けていない。

(5)　権利部

　a　権利部は，甲区及び乙区に区分し，甲区には所有権に関する登記の登記事項を，乙区には所有権以外の権利に関する登記の登記事項を，それぞれ記録する（不登法2条8号，同法12条，不登規則4条4項）。

　b　甲区には，所有権の保存，移転，変更，処分の制限又は消滅に関する登記の登記事項を記録する。

　c　乙区には，地上権，永小作権，地役権，先取特権，質権，抵当権，賃借権及び採石権並びにこれらの権利を目的とする他の権利についての保存，設定，移転，変更，処分の制限又は消滅に関する登記の登記事項を記録する。

(6)　共同人名票

　a　旧不動産登記法当時においては，表題部所有者（不登法2条10号）又は登記権利者（同条12号）若しくは登記義務者（同条13号）が多数である場合に，その全部の氏名又は名称及び住所並びに持分を表題部又は甲区若しくは乙区の登記用紙にそれぞれ記載することを避け，登記用紙の記載の簡略化を図るとともに，共有関係等の公示の明確化を図るため，共同人名票を設けることとされていた（旧不登細則4条前段，52条）。

　b　しかし，コンピュータ処理の下では，登記記録のほかに共同人名票を設けることとすると，共有持分の案分計算が複雑になり，コンピュータ処理が効率的ではなくなること等から，共同人名票の制度は廃止された。

(7)　共同担保目録・信託原簿

　a　同一の債権を担保するために複数の不動産を目的として抵当権を設定した場合，旧不動産登記法施行当時においては，各不動産の抵当権設定登記事項に他の共同担保の目的となっている不動産の表示をそれぞれ記載しなければならなかった（旧不登法118条）。例えば，同一の債権を担保するため，A・B・C・D・Eの各不動産を目的として抵当権を設定した場合，A不動産の抵当権設定登記事項の末尾に「但左記不動産ガ共ニ担保ノ目的タリ」と

【共同担保である旨の登記】

順位番号	事　項　欄	順位番号	事　項　欄
番壱	明治四拾年九月参日 受付第何号 （抵当権設定登記事項省略） 但左記不動産ガ共ニ担保ノ目的タリ ○○下栄弐拾九番地 一、木造瓦葺弐階建 　　建坪　弐拾坪弐合五勺 　　二階　拾九坪弐合五勺 同所参拾番 一、畑壱反歩 同所参拾番 一、畑壱拾畝五歩 ○○上平蔵町弐拾弐ニ 一、宅地　八拾九坪弐合五勺 同所同番 一、木造瓦葺平屋建 　　坪　弐拾坪弐合五勺		○○大町弐拾参 一、宅地　七拾五坪　五合九勺 同所同番 一、木造瓦葺平屋建 　　建坪　参拾弐坪壱合さ勺
		番弐	大正弐年参月弐拾日 受付第何号 （抵当権設定登記事項省略） 但共同担保目録第九拾参号ニ掲タル不動産ニ関スル権利ガ共ニ担保ノ目的タリ

して，BないしEの各不動産の表示を記載し，また，BないしE各不動産についても，共同担保の目的となっている他の各不動産の表示を記載しなければならなかった（別掲【共同担保である旨の登記】順位壱番参照）。

　大正2年法律第18号による改正において，共同担保目録の制度が新設され，抵当権設定登記事項として，共同担保の目的となっている他の不動産の表示を記載することに代え，共同担保目録を設けることによって，「但共同担保目録第九拾参号ニ掲タル不動産ニ関スル権利ガ共ニ担保ノ目的タリ」と記載すれば足りるとされた（別掲【共同担保である旨の登記】順位弐番参照）。

　共同担保目録は，登記簿の一部とみなし，その記載は登記とみなされた（旧不登法126条2項）。

　b　また，信託原簿も登記簿の一部とみなし，その記載は登記とみなされた（旧不登法110条ノ6第2項）。

　c　これらは，申請人に対し，登記用紙の甲区又は乙区の事項欄に記載す

第一章　総　説

べき登記事項を記載した書面の提出を求め，登記所では，これを信託原簿又は共同担保目録として，登記簿とは別個に，信託原簿は信託原簿綴込帳（旧不登細則14条1項2号，旧不登準則49条10号・11号）に，また，共同担保目録は共同担保目録綴込帳（旧不登細則14条1項1号，旧不登準則49条6号・7号）にそれぞれ編てつして保管し，その記載を登記と同一の効力を有するものとみなして，これらの登記事項を，登記簿の甲区又は乙区に直接記載することに代えようとの趣旨から設けられたものである。

　　d　現行法は，共同担保目録に記載していた事項を登記事項そのものとし（不登法83条1項4号），共同担保目録は登記官が作成することができる，と規定している（同条2項）。

　　e　また，信託原簿に記載していた事項を登記事項そのものとし（不登法97条1項），信託原簿に相当するものを「信託目録」として登記官が作成することができる，と規定している（同条3項）。

　したがって，現行法においては，共同担保目録又は信託原簿は，いずれも旧不動産登記法と異なり，これらに記録された内容は，登記記録の一部とみなすまでもなく，登記記録そのものということができる。

Q 41　登記記録の閉鎖とは何か。

A　「登記記録の閉鎖」とは，登記の移記，管轄転属，合筆の登記，建物の合併の登記又は滅失の登記等により，その登記記録が以後の登記手続の対象とならないこととなった場合に，その旨を記録上明らかにするための措置である。

解説

(1)　登記記録の閉鎖手続

　a　次のような登記をした場合は，登記官は，その登記記録（不登法2条5号）を閉鎖する。

　①　登記を移記した場合における移記前の登記記録（不登規則5条3項）

　②　管轄転属により登記記録を移送した場合における転属前の登記所の登

186

第四節　登記記録等

記記録（同規則32条2項）

③　合筆の登記をした場合における合筆前の土地の登記記録（同規則106
条2項）

④　土地の滅失の登記をした場合における当該土地の登記記録（同規則
109条）

⑤　合体による登記等をした場合における合体前の建物の登記記録（同規
則120条9項で準用する同規則144条1項）。

⑥　敷地権の登記を抹消することにより特定登記（不登法55条1項）を転
写する際に，土地の登記記録に転写する特定登記に後れる登記があると
きは，新たにその土地の登記記録の権利部の相当区を作成した場合にお
ける従前の登記記録（同規則124条4項）

⑦　区分建物でない建物を区分して区分建物とした場合における変更前の
建物の登記記録（同規則129条2項）

⑧　建物の合併の登記をした場合における合併前の建物の登記記録（同規
則132条3項，133条2項・4項）

⑨　表題登記がある非区分建物に接続して区分建物が新築され一棟の建物
となったことによりが当該非区分建物が区分建物となった場合における
当該非区分建物の登記記録（同規則140条3項）

⑩　建物の滅失の登記をした場合における当該建物の登記記録（同規則
144条1項）

　b　登記官は，登記記録を閉鎖するときは，閉鎖の事由及び閉鎖の年月日
を記録するほか，閉鎖する登記記録の不動産の表示（登記原因及びその日付
けを除く。）を抹消する記号を記録し，登記官の識別番号を記録する（不登
規則8条）。

　具体的には，表題部の「原因及びその日付け」欄に，「閉鎖の事由及び閉
鎖の年月日」として，「平成何年何月何日閉鎖」と記録する。そして，土地
にあっては土地の所在，地番，地目及び地積に下線を付し（登記記録例集
49），建物にあっては所在，家屋番号，種類，構造及び床面積に下線を付す
（同記録例集179）。

(2)　登記記録の閉鎖後の取扱い

　a　閉鎖された登記記録は，旧不動産登記法のような閉鎖登記簿として別

第一章　総　　説

途管理しているわけではない。これは，①登記事務のコンピュータ処理にお
いては，登記簿に閉鎖された登記記録と閉鎖されていない登記記録とが混在
して記録されていても，それぞれの登記記録の検索に不都合はないこと，②
保存期間が満了した閉鎖された登記記録を検索することが容易であること，
③登記記録が閉鎖される都度，別の閉鎖された登記記録専用の磁気ディスク
等に移し替えることはコンピュータ処理上非効率であること等が考慮された
ものである。

　　b　閉鎖された登記記録は，土地については閉鎖してから50年間（不登規
則28条4号），建物については閉鎖してから30年間（同条5号），それぞれ保
管される。

　　c　閉鎖された登記記録に関する登記事項証明書として，全部事項証明
書，何区何番事項証明書及び一棟建物全部事項証明書の交付請求が認められ
ている（不登規則196条2項。Q44の(5)（197ページ）参照）。

　　d　旧不動産登記法による閉鎖登記簿の取扱いについては，Q36（169ペ
ージ）を参照されたい。

Q 42　情報公開法は，登記簿等に適用があるのか。

　A　登記簿等については，情報公開法は適用がない。

解説

　　a　行政機関の保有する情報の公開に関する法律（平成11年法律第42号。
以下，本問において「情報公開法」という。）は，国のすべての行政機関が
保有する行政文書について，何人も，請求の理由や利用目的を問わずに開示
請求をすることができる権利を定めたものである（1条，3条）。

　　情報公開法における「行政文書」とは，行政機関の職員が職務上作成し，
又は取得した文書，図画及び電磁的記録であって，当該行政機関の職員が組
織的に用いるものとして，当該行政機関が保有しているものをいう（2条2
項）。したがって，不動産登記法における登記簿，地図，建物所在図及び地
図に準ずる図面並びに登記簿の附属書類（以下，本問において「登記簿等」

188

という。なお，不登法122条参照）は，上記行政文書に該当することになる。

　b　しかし，不動産登記制度は，不動産取引の安全と円滑に資するため，不動産の表示及び不動産に関する権利を公示するため制度であるところから，不動産登記法において，登記事項証明書の交付（不登法119条），地図の写し及び閲覧（同法120条）並びに登記簿の附属書類の写し及び閲覧（同法121条）等に関する規定を設けて，独自の情報公開手続を定めているほか，登記簿等の公開に関し必要な事項について法務省令に委任している（同法122条）。

　c　このように，登記簿等の公開手続については，不動産登記法において情報公開法が目的とする手続を体系的に整備しているところから，情報公開法の規定は適用しないこととされている（不登法153条）。

　d　旧土地台帳については，不動産登記法の規定に基づく文書ではないから，情報公開法の規定の適用があり，したがって，情報公開法に基づく開示請求があった場合は，同法所定の手続により公開することになる（平成13年２月16日民二第445号民事局長通達第五の二の(3)）。

　Q 43　行政機関個人情報保護法は，登記簿等に適用があるのか。

　A　登記簿等に記録されている保有個人情報については，行政機関個人情報保護法の開示，訂正及び利用停止に関する規定の適用はない。

解説

　a　行政機関の保有する個人情報の保護に関する法律（平成15年法律第58号。以下，本問において「個人情報保護法」という。）は，行政機関において個人情報の利用が拡大していることにかんがみ，行政機関における個人情報の取扱いに関する基本的事項を定めることにより，行政の適正かつ円滑な運営を図りつつ，個人の権利利益を保護するためのものである（個人情報保護法１条）。

　個人情報保護法に規定する「保有個人情報」とは，行政機関の職員が職務

第一章　総　説

上作成し，又は取得した個人情報（生存する個人に関する情報であって，当該情報に含まれる氏名，生年月日その他の記述等により特定の個人を識別することができるもの（他の情報と照合することができ，それにより特定の個人を識別することができることとなるものを含む。）をいう。）であって，当該行政機関の職員が組織的に利用するものとして，当該行政機関が保有しているものをいう（個人情報保護法2条2項・3項）。したがって，登記簿等（不登法122条）は，保有個人情報に該当することになる。

　b　しかし，不動産登記制度は，不動産取引の安全と円滑に資するため，不動産の表示及び不動産に関する権利を公示するための制度であるところから，不動産登記法において，登記事項証明書の交付（不登法119条），地図の写し及び閲覧（同法120条）並びに登記簿の附属書類の写し及び閲覧（同法121条）等に関する規定を設けて，独自の保有個人情報の開示手続を定めている。また，登記簿等に記録されている保有個人情報に関する登記の更正手続を定めている（不登法31条，33条，64条等）。

　c　このように，登記簿等に記録されている保有個人情報の開示及び訂正については，不動産登記法において行政機関個人情報保護法が目的とする手続を体系的に整備しているところから，個人情報保護法の開示及び訂正に関する規定は適用しないこととされている（不登法155条）。

　また，個人情報保護法は，保有個人情報が，適法に取得されたものでない場合，利用目的以外の目的のために利用された場合は，当該個人情報の利用停止請求権を認めている（個人情報保護法36条）。しかし，登記簿等に記録されている保有個人情報については，このような事態は想定できないこと，そして，利用停止請求権を認めることは，登記簿等を公示することによって不動産取引の安全と円滑に資するという不動産登記法の立法目的（同法1条）に反することになる。このため，登記簿等に記録されている保有個人情報については個人情報保護法に関する規定は適用しないこととされている（不登法155条）。

第五節　登記事項の証明等

> **Q** 44　登記事項証明書とはどのようなものか。

> **A**　「登記事項証明書」とは，磁気ディスクに記録されている登記記録の公開方法であり，従前の登記簿の謄本又は抄本に代わるものである。

解説

(1)　登記事項証明書の意義

　a　ブック式登記簿の全部又は一部の証明制度としては，登記簿の謄本又は抄本の交付の方法があった（旧不登法21条1項）。

　b　これに対して，磁気ディスクをもって調製された登記簿（不登法2条9号。以下本問において「磁気ディスク登記簿」という。）の登記記録（同条5号）は，文字をこれと異なる記号に変換して記録されているので，その記録を公開するには，磁気ディスク登記簿の磁気記録の全部又は一部を再び文字に変換しなければならない。したがって，磁気ディスク登記簿における不動産登記の情報公開の方法としては，その性質上，ブック式登記簿の謄本又は抄本の交付の方法によってすることはできない。

　このため，謄本又は抄本の交付の制度に代えて，磁気ディスク登記簿に磁気的方法によって記録されている不動産登記に関する情報を，文字に変換して書面に出力し，その内容を証明する「登記事項証明書」の交付の制度が設けられている（不登法119条1項）。

(2)　登記事項証明書の種類

　a　登記事項証明書には，登記記録（閉鎖登記記録を除く。）に記録されている事項の全部を証明した全部証明書と，一部を証明した一部証明書がある。これらの種類とその認証文は，次のとおりである。

　なお，「根拠法令」中「規則196Ⅰ①」とあるのは不動産登記規則第196条第1項第1号の，また「準則136Ⅰ①」とあるのは不動産登記事務取扱手続準則第136条第1項第1号の略である（(5)の表において同じ。）。

191

第一章　総　　説

種　　類	内　　　容	認　　証　　文	根拠法令
全部事項証明書	登記記録に記録されている事項の全部	これは登記記録に記録されている事項の全部を証明した書面である	規則196Ⅰ① 準則136Ⅰ①
現在事項証明書	登記記録に記録されている事項のうち現に効力を有するもの	これは登記記録に記録されている現に効力を有する事項の全部を証明した書面である	規則196Ⅰ② 準則136Ⅰ②
何区何番事項証明書	権利部の相当区に記録されている事項のうち請求に係る部分	これは登記記録に記録されている事項の何区何番事項を証明した書面である	規則196Ⅰ③ 準則136Ⅰ③
所有者証明書	登記記録に記録されている現在の所有権の登記名義人の氏名又は名称及び住所	これは登記記録に記録されている所有者の氏名及び住所を証明した書面である	規則196Ⅰ④ 準則136Ⅰ④
一棟建物全部事項証明書	一棟の建物に属するすべての区分建物である建物の登記記録に記録されている事項の全部	これは一棟の建物に属する区分建物の登記記録に記録されている事項の全部を証明した書面である	規則196Ⅰ⑤ 準則136Ⅰ⑤
一棟建物現在事項証明書	一棟の建物に属するすべての区分建物である建物の登記記録に記録されている事項のうち現に効力を有するもの	これは一棟の建物に属する区分建物の登記記録に記録されている現に効力を有する事項の全部を証明した書面である	規則196Ⅰ⑥ 準則136Ⅰ⑥

　　b　登記事項証明書の交付を請求する場合は，これらのいずれの交付請求であるかを明らかにしなければならない（不登規則193条1項4号）。

⑶　**登記事項証明書の交付請求手続**

　　a　登記事項証明書の交付を請求する場合には，①請求人の氏名又は名称，②不動産所在事項（不登規則1条9号）若しくは不動産番号（同条8号），③請求通数，④登記事項証明書の区分及び⑤共同担保目録若しくは信託目録に記録された事項について証明を求めるときはその旨の，各情報を提供しなければならない（不登規則193条1項）。

　　b　登記事項証明書の交付を請求する場合は，請求書を登記所に提出する方法によってする（不登規則194条1項）。

　　また，登記事項証明書の交付（送付の方法による交付を除く。）を請求す

第五節　登記事項の証明等

る場合は，登記官が管理する入出力装置に請求情報を入力する方法によって
もすることができる（不登規則194条2項）（注）。

　さらに，オンラインの方法（不登規則194条3項）によってもすることが
できる。この場合には，「登記・供託オンライン申請システム」からダウン
ロードした「申請用総合ソフト」による（不登規則194条3項前段）。また，
登記・供託オンライン申請システムをダウンロードせずに，「かんたん証明
書請求」（インターネット上で請求情報を入力して請求する方法）によって
も請求することができる。オンラインの方法による請求の場合において，登
記事項証明書を登記所で受領しようとするときは，その旨を明らかにして送
信する（不登規則194条3項後段）。

　c　登記事項証明書の交付を請求する場合には，登記手数料令（昭和24年
政令第140号）第2条第1項の規定に基づく手数料を納付する（不登法119条
1項）。手数料は，収入印紙により（不登法119条4項本文），これを請求書
に貼り付ける方法によって納付する（不登規則203条1項）。

　なお，「法務省令で定める方法で登記事項証明書の交付を請求するとき」
（注）は，現金をもって手数料を納付することができる（不登法119条4項
ただし書）。この方法は，「登記官が管理する入出力装置に請求情報を入力す
る方法」（不登規則194条2項）及び「請求情報を電子情報処理組織を使用し
て登記所に提供する方法」（同条第3項前段）であり，これらの方法により
登記事項証明書の交付を請求して手数料を納付するときは，登記官から得た
納付情報により納付する方法によってする（同規則205条2項）。すなわち，
オンラインにより登記事項証明書の交付を請求する場合において，手数料を
現金で納付するときは，インターネットバンキングかペイジ（Pay-easy）対
応のＡＴＭにより，所用の金額を振り込む。

　d　登記事項証明書の交付請求は，郵便料金等の費用を納付して，郵送等
の方法によってすることもできる（不登規則197条6項，204条）。

　e　登記事項証明書は，コンピュータ化された登記所間に回線網を設け，
登記情報のデータ交換をすることにより，請求に係る不動産を管轄する登記
所とは別の登記所においても請求することができる（不登法119条5項。こ
れを「登記情報交換サービス」という。Q52（215ページ）参照）。

(4)　登記事項証明書の作成方法

第一章　総　説

a　登記官は，登記事項証明書を作成する場合は，請求に係る登記記録に記録された事項の全部である旨の認証文を付した（当該登記記録の甲区又は乙区の記録がないときは認証文にその旨を付記する。）上，作成の年月日及び職氏名を記載して，登記官印を押印する（不登規則197条１項）。

b　登記事項証明書の様式は，次による（不登規則197条２項本文）。ただし，登記記録に記録した事項の一部についての登記事項証明書を作成する場合は，適宜の様式による（不登規則197条２項ただし書）。

①　土地の登記記録

　　不登規則別記７号様式（別掲【土地の登記事項証明書】参照）

②　非区分建物の登記記録

　　同別記８号様式（別掲【非区分建物の登記事項証明書】（195ページ）参照）

③　区分建物の登記記録

　　同別記９号様式（別掲【区分建物の登記事項証明書】（195ページ）参照）

④　共同担保目録

　　同別記10号様式（別掲【共同担保目録】（196ページ）参照）

⑤　信託目録

　　同別記５号様式（別掲【信託目録】（197ページ）参照）

【土地の登記事項証明書】

表　題　部（土地の表示）			調製		不動産番号	
地図番号			筆界特定			
所　　在						
①地　番	②地　目	③地　積　㎡		原因及びその日付〔登記の日付〕		
所 有 者						

権利部（甲区）（所有権に関する事項）			
順位番号	登記の目的	受付年月日・受付番号	権利者その他の事項

第五節　登記事項の証明等

権利部（乙区）（所有権以外の権利に関する事項）			
順位番号	登記の目的	受付年月日・受付番号	権利者その他の事項

【非区分建物の登記事項証明書】

表　題　部（主である建物の表示）		調製		不動産番号	
所在図番号					
所　　　在					
家屋番号					
①種　　類	②構　　造	③床　面　積　㎡	原因及びその日付〔登記の日付〕		

表題部（附属建物の表示）				
符号	①種　　類	②構　　造	③床　面　積　㎡	原因及びその日付〔登記の日付〕

所 有 者	

権利部（甲区）（所有権に関する事項）			
順位番号	登記の目的	受付年月日・受付番号	権利者その他の事項

権利部（乙区）（所有権以外の権利に関する事項）			
順位番号	登記の目的	受付年月日・受付番号	権利者その他の事項

【区分建物の登記事項証明書】

専有部分の家屋番号				
表題部（一棟の建物の表示）		調製		所在図番号
所　　　在				
建物の名称				
①構　　造	②床　面　積　㎡	原因及びその日付〔登記の日付〕		

195

第一章　総　　説

		⋮		

表題部（敷地権の目的である土地の表示）

①土地の符号	②所在及び地番	③地目	④地　　積　㎡	登記の日付
			⋮	

表題部（専有部分の建物の表示）			不動産番号	
家屋番号				
建物の名称				
①種　　類	②構　　造	③床　面　積　㎡	原因及びその日付〔登記の日付〕	

表題部（附属建物の表示）

符号	①種　　類	②構　　造	③床　面　積　㎡	原因及びその日付〔登記の日付〕
			⋮	

表題部（敷地権の表示）

①土地の符号	②敷地権の種類	③敷地権の割合	原因及びその日付〔登記の日付〕
所　有　者			

権利部（甲区）（所有権に関する事項）

順位番号	登記の目的	受付年月日・受付番号	権利者その他の事項

権利部（乙区）（所有権以外の権利に関する事項）

順位番号	登記の目的	受付年月日・受付番号	権利者その他の事項

【共同担保目録】

共　同　担　保　目　録					
記号及び番号				調製	
番　　号	担保の目的である権利の表示	順位番号		予　　　　備	

第五節　登記事項の証明等

【信託目録】

信　託　目　録		調製	
番　　　　　号	受付年月日・受付番号	予　　　備	
1　委託者に関する事項			
2　受託者に関する事項			
3　受益者に関する事項			
4　信託条項			

　　c　登記事項証明書に登記記録の甲区又は乙区に記録されている事項を記載する場合は，順位番号の順序に従って記載する（不登規則197条4項）。

　　d　登記記録に記録されている事項を抹消する記号が記録されているときは，抹消に係る事項の下に線を付して記載する（不登規則197条5項）。

　　e　登記事項証明書の交付の請求者が共同担保目録又は信託目録に関する証明を求めないときは，共同担保目録又は信託目録に記録された事項の記載を省略する（不登規則197条3項）。

⑸　閉鎖登記記録に係る登記事項証明書

　　a　閉鎖された登記記録（Q41（186ページ）参照）については，登記事項証明書として，全部事項証明書，何区何番事項証明書及び一棟建物全部事項証明書について，交付請求が認められている（不登規則196条2項）。

　　b　閉鎖された登記記録に関する登記事項証明書の種類，内容，認証文等は次のとおりである。

種　　類	内　　　容	認　証　文	根拠法令
全部事項証明書	登記記録に記録されている事項の全部	これは閉鎖された登記記録に記録されている事項の全部を証明した書面である	規則196Ⅱ 準則136Ⅰ①
何区何番事項証明	権利部の相当区に記録されている事項のうち請求に係	これは閉鎖された登記記録に記録されている事項の何区何	規則196Ⅱ 準則136Ⅰ③

第一章　総　　説

書	る部分	番事項を証明した書面である	
一棟建物全部事項証明書	一棟の建物に属するすべての区分建物である建物の登記記録に記録されている事項の全部	これは一棟の建物に属する区分建物の閉鎖された登記記録に記録されている事項の全部を証明した書面である	規則196Ⅱ 準則136Ⅰ⑤

(注)　現時点においては，不動産登記規則第119条第4項ただし書に規定する方法による請求をすることができる体制はできていない。

Q 45　登記事項要約書とはどのようなものか。

A　「登記事項要約書」とは，磁気ディスクに記録されている登記記録の公開方法であり，ブック式登記簿の閲覧に代わるものである。

解説

(1)　意義

a　ブック式登記簿の公開方法の一つとして，登記簿の閲覧の制度があった（旧不登法21条1項）。

b　これに対して，磁気ディスクをもって調製された登記簿（不登法2条9号。以下本問において「磁気ディスク登記簿」という。）の登記記録（同条5号）は，文字をこれと異なる記号に変換して記録されているので，磁気ディスク登記簿については，ブック式登記簿におけるような閲覧を行うことができない。

このため，登記簿の閲覧の制度に代えて，登記簿に記録した事項の概要を記載した書面の交付の制度が設けられている。この書面が「登記事項要約書」である（不登法119条2項）。

(2)　登記事項要約書の請求手続

a　登記事項要約書の交付の請求をする場合は，①請求人の氏名又は名称，②不動産所在事項（不登規則1条9号）若しくは不動産番号（同条8号，90条）及び③請求通数を提供しなければならない（不登規則193条1項）。

b　登記事項要約書の交付を請求する場合には，登記手数料令第2条第2

198

第五節　登記事項の証明等

項の規定に基づく手数料を納付する（不登法119条２項）。手数料は，収入印紙を請求書に貼り付ける方法によって納付する（不登規則203条１項）。

　　ｃ　登記事項証明書の交付請求（Ｑ44（191ページ）参照）については，登記所に請求書を提出する方法（不登規則194条１項）のほか，郵送等による方法を定めている（同条２項，３項）のに対して，登記事項要約書の交付請求については，登記所に請求書を提出する方法についてのみ定め（同条１項），郵送等による方法については定めていない（同条２項，３項参照）。これは，登記事項要約書は，ブック式登記簿における閲覧制度の代替制度であるから，登記事項証明書と異なり，郵送等の方法によってすることは認められていないのである。

⑶　**登記事項要約書の作成方法**

　　ａ　登記事項要約書は，次に掲げる事項を記載して作成する（不登規則198条１項，別記11号様式。別掲【登記事項要約書】参照）。

①　不動産の表示に関する事項

②　所有権の登記については，申請受付の年月日及び受付番号，所有権の登記名義人の氏名又は名称及び住所並びに登記名義人が２人以上であるときはその持分

③　所有権の登記以外の登記については，現に効力を有するもののうち主要な事項

【登記事項要約書】

	表　題　部	
	権　利　部 所　有　権	
	権　利　部 甲　　　区	
	権　利　部 乙　　　区	

　　ｂ　登記官は，請求人の申出があった場合は，不動産の表示に関する事項について現に効力を有しないものを省略し，かつ，所有権の登記以外の登記については現に効力を有するものの個数のみを記載した登記事項要約書を作成することができる（不登規則198条２項，別記12号様式。別掲【現在事項

第一章　総　　説

要約書】参照）。

【現在事項要約書】

	表　題　部	
	権　利　部 所　有　権	
	負　　　担	権利部（甲区）： 権利部（乙区）：

　c　登記官は，請求人から別段の申出がない限り，一通の用紙により，2
以上の不動産に関する事項を記載した登記事項要約書を作成することができ
る（不登規則198条3項）。

　d　登記事項要約書の作成方法を定めた不動産登記規則第198条は，認証
文に関する規定を設けていない（登記事項証明書の作成方法を定めた同規則
第197条1項・2項，不登準則136条参照）。これは，登記事項要約書は，ブ
ック式登記簿における閲覧制度の代替制度であるため，登記官による認証文
は付す必要がないからである。

Q　46　登記簿の附属書類の公開制度にはどのようなものがあるか。

　A　登記簿の附属書類のうち，土地所在図等の図面類については，誰
　　　でも写しの交付及び閲覧を請求することができるが，これらを除く
　　　登記簿の附属書類については，利害関係を有する部分についてのみ
　　　閲覧を請求することができる。

解説

(1)　登記簿の附属書類の意義

　a　「登記簿の附属書類」とは，申請書及び嘱託書その添付書面又は土地
所在図等がある（電磁的記録を含む。）。このほか，登記官が職権で登記を行
った際における資料も登記簿の附属書類に含まれる。登記を行うために提供
又は作成されたすべての情報が登記簿の附属書類に該当する。

第五節　登記事項の証明等

　　b　「申請書」とは，申請情報を記載した書面（磁気ディスクを含む。）を
いう（不登規則１条５号）。「申請情報」とは，登記所に提供する，不動産を
識別するために必要な事項，申請人の氏名又は名称，登記の目的その他の登
記の申請に必要な事項として政令で定める情報をいう（不登法18条柱書き）。
　　「嘱託書」とは，嘱託情報を記載した書面（磁気ディスクを含む。）をい
う。「嘱託情報」とは，登記所に提供する，不動産を識別するために必要な
事項，申請人の氏名又は名称，登記の目的その他の登記の嘱託に必要な事項
として政令で定める情報をいう（不登法16条２項で準用する同法18条柱書
き，不登令２条７号）。
　　c　「添付書面」とは，添付情報を記載した書面（添付情報を記録した磁
気ディスクを含む。）をいう（不登規則１条６号）。
　　「添付情報」とは，「申請情報と併せて提供することが必要な情報」（不登
法26条）であって，「登記の申請をする場合において，……その申請情報と
併せて登記所に提供しなければならないものとされている情報」をいう（不
登令２条１号）。具体的には，登記識別情報（不登法22条，不登令８条），本
人確認情報（不登法23条４項），登記原因証明情報（同法61条，不登令７条
１項５号ロ），法人の代表者の資格を証する情報（不登令７条１項１号ロ），
代理人の権限を証する情報（同項２号），代位原因を証する情報（同項３
号），相続その他一般承継があったことを証する情報（同項４号，５号イ），
表示に関する登記における不動産の調査に関する報告（不登規則93条ただし
書）等がある。
　　なお，書面により提出された登記識別情報は，その申請に基づく登記が完
了したとき又は請求の審査をしたときは，速やかに当該書面を廃棄するもの
とされている（不登規則69条１項）ため，これの閲覧を請求することはでき
ない。
　　d　土地所在図等とは，土地所在図（不登令２条２号），地積測量図（同
条３号），地役権図面（同条４号），建物図面（同条５号）又は各階平面図
（同条６号）をいう（不登規則１条７号）。いずれも磁気ディスクを含む。
（2）　登記簿の附属書類の公開方法
　　a　土地所在図等の写しの交付については，何人も，登記官に対して，手
数料を納付して，これら図面の全部又は一部の写し（これらの図面が電磁的

第一章　総　　説

記録に記録されているときは，当該情報の内容を証明した書面）を請求することができる（不登法121条1項，不登令21条1項）。

　b　土地所在図等の閲覧については，何人も，登記官に対して，手数料を納付して，請求することができる（不登法121条2項本文）。

　c　土地所在図等を除く登記簿の附属書類については，登記官に対して，手数料を納付して，利害関係を有する部分に限り，閲覧を請求することができる（不登法121条2項ただし書）。土地所在図等を除く登記簿の附属書類については，写しの交付を請求することは認められない（Q47（202ページ）参照）。

　d　登記簿の附属書類の閲覧は，登記官又はその指定する職員の面前でさせるものとされている（不登規則202条1項）。

　また，登記簿の附属書類の閲覧の請求があった場合において，請求に係る登記簿の附属書類が電磁的記録に記録されているときは，電磁的記録に記録された情報の内容を書面に出力して表示する方法による（不登法121条2項本文，不登規則202条2項）。

Q 47　登記簿の附属書類（土地所在図等の図面を除く。）の写しの交付又は閲覧は誰でも請求することができるのか。

　A　土地所在図等を除く登記簿の附属書類については，利害関係を有する部分についてのみ閲覧を請求することができる。

解説

　a　何人も，登記官に対して，手数料を納付して，土地所在図等（不登規則1条7号）を除く登記簿の附属書類（電磁的記録にあっては，記録された情報の内容を法務省令で定める方法により表示したもの。以下，本問において「登記簿の附属書類」という。）について，利害関係を有する部分に限り，閲覧を請求することができる（不登法121条2項ただし書）。

　登記簿の附属書類について，写しの交付を請求することは認められない。

　b　登記簿の附属書類の閲覧を請求するときは，請求書を登記所に提出し

てする方法による（不登規則194条1項）。

この請求するときは，次に掲げる事項を内容とする情報を提供しなければならない。

① 請求人の氏名又は名称（不登規則193条1項1号）
② 不動産所在事項又は不動産番号（同条1項2号）
③ 請求人の住所（同条2項1号）
④ 請求人が法人である場合はその代表者の氏名（同条2項2号）
⑤ 代理人によって請求する場合は当該代理人の氏名又は名称及び住所並びに代理人が法人であるときはその代表者の氏名（同条2項3号）
⑥ 利害関係有する部分及び閲覧する部分を内容とする情報（同条2項4号）

c 請求人は，①利害関係がある理由を証する書面の提示しなければならない（不登規則193条3項）。

そして，代理人によって請求する場合は代理権限を証する書面を提示しなければならない（不登規則193条5項本文）。また，請求人が法人である場合は代表者の資格を証する書面を提示しなければならない（不登規則193条4項本文）が，当該法人の会社法人等番号を請求書に記載した場合はこの書面の提示は不要である（同項ただし書）。

これらの提示は，登記簿の附属書類等の閲覧は請求者が申請情報やその添付書類の原本を直接手にとって見るものであるからである。

d 登記権利者及び登記義務者又はこれらの相続人が登記簿の附属書類の閲覧を請求する場合は，請求人が登記権利者及び登記義務者又はこれらの相続人であること証するための運転免許証，個人番号カード（行政手続における特定の個人を識別するための番号の利用等に関する法律（平成25年法律第27号）17条）又は印鑑証明書等及び相続を証する書面が，利害関係のある理由を証する書面に該当することになる。

登記権利者及び登記義務者又はこれらの相続人以外の者が登記簿の附属書類等を閲覧する場合は，売買契約書，訴状等が利害関係がある理由を証する書面に該当するものと考えられる。

e 登記簿の附属書類の閲覧を請求するときの手数料の納付は，収入印紙を請求書に貼り付ける方法による（不登規則203条1項）。

第一章　総　説

f　登記簿の附属書類が電磁的記録に記録されている場合は，その情報を書面に出力して表示する方法による（不登法121条2項，不登規則202条2項）。

g　登記簿の附属書類の閲覧は，登記官等の面前で行うこととされている（不登規則202条1項）。

なお，登記簿の附属書類を閲覧させる場合には，登記官又はその指定する職員は，次の事項に留意しなければならない（不登準則139条）。

①　登記簿の附属書類の枚数を確認する等その抜取り及び脱落の防止に努めること（同条1号）。

②　登記簿の附属書類の汚損，記入及び改ざんの防止に厳重に注意すること（同条2号）。

③　利害関係を有する部分に限る閲覧にあっては，請求に係る部分以外を閲覧しないように厳重に注意すること（同条3号）。

④　閲覧者が筆記する場合には，毛筆及びペンの使用を禁ずること（同条4号）。

⑤　筆記の場合は，登記簿の附属書類を下敷にさせないこと（同条5号）。

Q 48　コンピュータ化されていない登記簿の謄本等の交付請求はどのようにするのか。

A　コンピュータによる取扱いに適合しない登記簿は，旧不動産登記法当時と同様，登記簿の謄本又は抄本の交付を請求することができる。

解説

(1)　旧登記簿の謄本等の交付請求等

a　現行法は，登記事務をコンピュータにより行うことを原則とした制度であるから，登記所は，旧不動産登記法第14条に規定する登記簿（ブック式による登記簿。以下，本問において「旧登記簿」という。）を磁気ディスク式登記簿（不登法2条9号）に改製する作業を行った（不登法附則3条1

204

項，不登規則附則３条１項本文）。

　しかし，登記所に備え付けられている旧登記簿の中には，コンピュータによる取扱いに適合しない登記簿があり，この登記簿は，磁気ディスク式登記簿への改製作業を行わず，従来どおり，紙による登記用紙の登記簿として存置されている（不登規則附則３条１項ただし書）。

　ｂ　このコンピュータ化されていない登記簿については，登記簿に関する規定（旧不登法14条から16条ノ２まで），登記簿謄本等に関する規定（同法21条１項，３項）等は，なおその効力を有する（不登法附則３条４項）。そして，旧登記簿に関する事務は，不動産登記法附則第３条第１項の規定に基づく法務大臣の指定を受けていない事務とみなされ，旧不動産登記法に基づく処理を行うことになる。

⑵　謄本・抄本の制度

　ａ　謄本及び抄本は，いずれも登記簿に登記されている事項を他の用紙に謄写し，これに登記官が認証したものである（旧不登細則35条１項）。

　ｂ　謄本は，「登記簿一用紙ノ全部ヲ遺漏ナク謄写」したものである（旧不登細則35条ノ２本文）。抄本は，申請人が請求する部分のみ謄写したものである（旧不登細則31条参照）。

　謄本においては，その登記用紙に記載されている登記事項の全部が明らかである（謄写事項が省略される場合があるが，その場合には，省略した事項の種別が認証文に付記される。）が，抄本においては，謄写されている事項のほかにどのような登記事項が登記されているのかは，不明である。

　ｃ　謄本制度のほかに抄本制度が設けられている趣旨は，特に登記事項の一部分のみ（例えば，所有者の住所氏名）を知りたい場合に，申請人側における手数料負担の軽減（手数料額は，原則として謄本又は抄本の通数により算出されるが，枚数による加算額がある（登記手数料令２条１項）。）とともに，登記所における筆写作業時間の短縮が考慮されたものである。しかし，複写機の普及・活用によって謄本作成の迅速化が図られたのに対して，筆写による抄本の作成に時間を要したことから，抄本制度の利便性は薄れた。

　ｄ　謄本については，請求人，登記所双方の便宜のため，謄写の省略事項に関して次の①ないし④のような謄写を省略する取扱いが認められていた。

　これら謄写を省略した謄本の交付を請求するには，①，②及び④の場合に

第一章　総　　説

は申請書にその旨を記載しなければならない。逆に，③の場合には，謄写を求めるときは申請書にその旨を記載する（旧不登細則35条ノ3第2項）。

①　現に効力を有しない登記の謄写を省略する場合

抹消に係る登記事項，前所有者以前の所有権の取得に関する登記事項（それが，処分制限等の目的となっている場合を除く。）等の謄写を省略する場合である（旧不登細則35条ノ2ただし書）。

②　共同人名票の謄写を省略する場合

現に効力を有しない登記に係る共同人名票の謄写を省略する場合である（旧不登細則35条ノ3第1項）。これは，その内容を知る必要のないときに，謄写を省略する実益がある。

③　共同担保目録，信託原簿又は工場抵当法第3条の目録の謄写を省略する場合

信託原簿（旧不登法110条ノ6第2項），共同担保目録（同法126条2項）及び工場抵当法第3条の目録（工場抵当法3条2項，35条）は，いずれも登記簿にはつづり込まれていないが登記簿の一部とみなされているものであり，これらの謄写を省略する場合である。これらの書面の内容を知る必要のないときに実益がある。これらは，いずれも請求しない限り，謄写は省略される（旧不登細則35条ノ3第2項）。

④　現に効力を有する登記のない用紙の謄写を省略する場合

謄本を作成する場合において，甲区又は乙区の用紙が数枚あり，そのうち，現に効力を有する登記事項が甲区又は乙区の用紙の1枚のみにあるときには，その1枚の用紙は，一部には効力を有しない登記事項があっても全部を謄写し，他の用紙（効力を有しない登記事項だけが記載されている登記用紙）は謄写しないで作成することが，実務上認められている（昭和42年4月28日民事甲第1049号，昭和43年10月22日民事甲第3190号各民事局長通達）。これは，複写機により能率的に作成できる点に実益があり，実質的には，上記①の場合における謄本と同趣旨である。

(3)　旧登記簿の謄本・抄本の請求

a　旧登記簿の謄本又は抄本の交付を請求する方法は，登記事項証明書の場合と同様である（不登法附則3条4項，旧不登法21条，旧不登細則29条1項，30条，31条）。郵送による旧登記簿の謄本又は抄本の交付の請求は認め

206

第五節　登記事項の証明等

られない（不動産登記法附則第3条第4項は，郵送による請求に関する旧不
動産登記法第21条第2項の規定を除外している。）。また，請求する不動産を
管轄する登記所以外の登記所に請求すること（登記情報交換サービス）は，
できない。

　　b　旧登記簿の謄本又は抄本の交付についての手数料は，登記事項証明書
の場合と同様である（不登法附則3条4項，旧不登法21条1項・3項，登記
手数料令2条1項）。

　⑷　旧登記簿の謄本・抄本の交付

　　a　旧登記簿の謄本又は抄本の交付手続は，登記事項証明書の場合とおお
むね同様である（不登法附則3条4項，旧不登法21条，不登規則附則5条1
項，旧不登細則35条，35条ノ2，35条ノ3，36条）。

　　b　旧不動産登記法においては，区分建物（不登法2条22号）について，
一棟の建物に属するもの全部について一登記用紙を設ける取扱いであったこ
と（旧不登法15条ただし書，16条ノ2）から，一棟の建物に属する区分建物
のうちの一個又は数個の区分建物の登記用紙を謄写して作成したものは，
（一棟の建物の表題部が謄写され，各区分建物に関する部分をみれば謄本の
ような体裁となるが）抄本であって，謄本ではない。

　　c　マンションの集会所のように共有者の多い登記簿の抄本を作成する場
合，請求人，登記所双方の便宜のため，請求があったときは，便宜，表題部
の登記用紙及び請求事項の記載されている甲区又は乙区の登記用紙のみを複
写機で謄写して登記簿抄本を作成することが認められている（昭和49年4月
8日民三第1760号民事局長通達）。

　⑸　旧登記簿の閲覧

　　a　旧登記簿の閲覧は，旧不動産登記法当時と同様，誰でも，請求するこ
とができる（不登法附則3条4項，旧不登法21条1項）。

第一章　総　説

> **Q** 49　閉鎖登記簿について謄抄本の交付又は閲覧の請求をすることが
> できるか。

　　A　閉鎖登記簿の謄本若しくは抄本の交付又は閲覧は，旧不動産登記
　　　　法当時と同様，誰でも，請求することができる。

⊞**解説**

　(1)　閉鎖登記簿の取扱い

　a　旧不動産登記法においては，登記用紙を閉鎖したときは閉鎖登記簿に
編てつすること（旧不登法24条ノ2第1項），閉鎖した登記用紙は土地につ
き50年間，建物につき30年間保存すること（同条2項）及び閉鎖登記簿の謄
本等の交付請求が認められること（同条3項，同法21条）を規定していた。

　b　現行法は，不動産登記事務をコンピュータにより処理することを原則
とした制度であるため，旧不動産登記法における閉鎖登記簿の制度は廃止さ
れた。

　しかし，旧不動産登記法当時に存在した閉鎖登記簿又は現行法（平成16年
法律第123号）施行後同法附則第3条の規定によりコンピュータ庁の指定が
されるまでの間に閉鎖された旧登記簿については，現行法が施行された後に
おいても，旧不動産登記法第24条ノ2第3項の規定は，なおその効力を有す
る（不登法附則4条1項）。すなわち，これら閉鎖登記簿については，従来
と同様に，謄本若しくは抄本の交付又は閲覧の制度により，公開されている
（旧不登法24条ノ2第3項，21条）。

　(2)　閉鎖登記簿の謄本・抄本の交付請求

　a　閉鎖登記簿の謄本又は抄本の交付を請求する方法は，登記事項証明書
の場合と同様である（不登法附則4条1項，旧不登法24条ノ2第3項，21
条，不登規則附則5条1項で準用する不登規則193条1項，194条1項）。

　閉鎖登記簿の謄本又は抄本の交付請求は，郵送でも差し支えないし，ま
た，郵送料を納付して謄本又は抄本の送付を受けることもできる（不登法附
則4条1項，旧不登法24条ノ2第3項，21条2項）。しかし，請求する不動
産を管轄する登記所以外の登記所に請求すること（登記情報交換サービス）
は，できない。

208

第五節　登記事項の証明等

　　b　閉鎖登記簿の謄本又は抄本の交付に関する手数料は，登記事項証明書の場合と同様である（不登法附則４条２項，不登法119条４項，旧不登法21条ノ２第３項，21条１項，登記手数料令２条１項）。
　(3)　閉鎖登記簿の謄本・抄本の交付手続
　　a　閉鎖登記簿の謄本又は抄本の交付手続は，コンピュータによる取扱いに適合しない登記簿（Ｑ48（204ページ）参照）の場合とおおむね同様である（不登法附則４条１項，旧不登法24条ノ２第３項，21条，不登規則附則５条２項，旧不登細則35条，35条ノ２ないし35条ノ３）。
　　b　旧不動産登記法においては，区分建物（不登法２条22号）について，一棟の建物に属するもの全部について一登記用紙を設ける取扱いであったこと（旧不登法15条ただし書，16条ノ２）から，一棟の建物に属する区分建物のうちの一個又は数個の区分建物の登記用紙を謄写して作成したものは，（一棟の建物の表題部が謄写され，各区分建物に関する部分をみれば謄本のような体裁となるが）抄本であって，謄本ではない。
　　c　マンションの集会所のように共有者の多い登記簿の抄本を作成する場合，請求人，登記所双方の便宜のため，請求があったときは，便宜，表題部の登記用紙及び請求事項の記載されている甲区又は乙区の登記用紙のみを複写機で謄写して登記簿抄本を作成することが認められている（昭和49年４月８日民三第1760号民事局長通達）。
　(4)　閉鎖登記簿の閲覧
　　a　閉鎖登記簿の閲覧は，旧不動産登記法当時と同様，誰でも，請求することができる（不登法附則４条１項，旧不登法24条ノ２第３項，21条１項，不登規則附則５条１項）。
　　b　閉鎖登記簿の閲覧手数料は，地図等（不登規則１条２号）又は登記簿の附属書類の閲覧の場合と同様である（不登法附則４条２項，不登法119条４項，旧不登法21条ノ２第３項，21条１項，登記手数料令２条１項）。
　　c　閉鎖登記簿の閲覧については，請求情報を提供すること（不登規則附則５条１項で準用する同規則193条１項），及び登記官等の面前で閲覧させること（不登規則附則５条１項で準用する同規則202条１項）は，地図等（同規則１条２号）又は登記簿の附属書類の閲覧の場合と同様である。

第一章　総　説

Q 50　旧土地台帳について写しの交付又は閲覧の請求をすることができるか。

A　旧土地台帳については，行政文書として，その写しの交付又は閲覧を請求することが認められている。

解説

　a　昭和24年のシャウプ勧告による税制改正において，地租は，家屋税とともに廃止され，新たに，市町村が土地・家屋の所有者に対して固定資産税を課し，その課税標準は，市町村長が決定する土地・家屋の価格によることとされた。このため，国の機関である税務署が土地台帳（Q15（56ページ）参照）及び家屋台帳（Q17（68ページ）参照）に関する事務を取り扱う必要がなくなった。

　b　そこで，昭和25年7月，土地台帳法等の改正（昭和25年法律第227号）によって，土地台帳及び家屋台帳は，税務署から登記所に移管された。

　上記改正後の土地台帳法第37条の3第1項は，「何人でも，手数料を納めて，土地台帳の閲覧又はその謄本の交付を請求することができる」と規定していた。

　そして，土地台帳の謄本には，登記官が年月日及び職氏名を記載し，職印を押すべきこととされていた（土地台帳法施行細則（昭和25年法務府令第88号）7条2項）。具体的には，次の例によることとされた（昭和25年9月28日民事甲第2643号民事局長通達）。

> 何法務局（何支局又は何出張所）
> 　　法務事務官　　　何　　　某

　c　その後，不動産登記法等の改正（昭和35年法律第14号）によって，不動産の表示に関する登記制度が新設されるとともに，土地台帳法は廃止された。しかし，旧土地台帳は，「当分の間保存するものとする」とされた（登記簿・台帳一元化実施要領（昭和35年4月1日民事甲第685号民事局長通達）第19第2項）。

210

第五節　登記事項の証明等

　そして、①旧土地台帳の閲覧又はの交付は、従前の取扱いによること（昭和36年3月2日民事甲第534号民事局長通達一本文）、②裁判所から旧土地台帳の送付嘱託があったときは、原本を送付して差し支えないこと（前掲昭和36年第534号通達一ただし書）、③旧土地台帳の閲覧又はの交付については、手数料を要しないこと（前掲昭和36年第534号通達二）とされた。

　d　行政機関の保有する情報の公開に関する法律（平成11年法律第42号。以下、本問において「情報公開法」という。）等が施行されたことに伴い、旧土地台帳の公開方法については、次によることとされた（平成13年2月16日民二第445号民事局長通達）。

　①　登記所に保管されている旧土地台帳については、旧不動産登記法第21条第1項の規定は適用されないこと（第五の一の(3)）。

　②　旧土地台帳の公開については、従来どおりの取扱い（前掲昭和36年第534号通達）によること（第五の二の(2)）。

　③　旧土地台帳について情報公開法の規定に基づく開示請求があった場合は、同法所定の手続により公開すること（第五の二の(3)）。

　e　以上の結果、根拠法律が廃止され、事実上保管されている旧土地台帳の公開については、不動産登記法の規定に基づく登記記録等としてではなく、登記所が、事実上、当分の間保管している文書として、従来どおりの取扱いにより、一般の行政文書と同様の方法により写しの交付を請求することができる。

　旧土地台帳の写しの認証文は、次のとおりとなる。

　右は（これは）旧土地台帳の写し（謄本）である。
　　何法務局（何支局又は何出張所）
　　　首席登記官（出張所長）　　　何　　　　某　[職印]

Q　51　登記情報提供サービスとは何か。

A　「登記情報提供サービス」とは、登記所が保有する登記情報を、

第一章　総　説

　　　　インターネットを利用して，一般利用者が自宅又は事務所のパソコンの画面上で確認することができるサービスである。

解説

(1)　概要

　a　オンラインによる登記情報の提供サービスは，政府の「規制緩和推進3か年計画」（平成10年3月閣議決定）等において，平成11年度中に法律改正等の措置を講ずることとされたことを受けて，「電気通信回線による登記情報の提供に関する法律」（平成11年法律第226号）が制定され，平成12年4月1日から施行された。

　これの実施に必要な事項を定めた「電気通信回線による登記情報の提供に関する法律施行令」（平成12年政令第177号）が平成12年4月1日に，「電気通信回線による登記情報の提供に関する法律施行規則」（平成12年法務省令第28号）が同年5月15日に，それぞれ施行され，さらに，情報提供を受けるための手数料を定めた「登記手数料令の一部を改正する政令」（平成12年政令第202号）のうち，この制度に係る手数料部分について，同年6月1日に施行された。

　これら法令上の準備が整えられたのを受けて，平成12年6月1日，電気通信回線による登記情報の提供に関する法律第4条第1項の業務を行う者（指定法人）として一般社団法人民事法務協会（以下，本問において「指定法人」という。）が指定され，同年9月25日から提供業務が開始された。

　b　オンラインによる登記情報の提供サービスは，コンピュータ化された登記記録に記録されている登記情報を，インターネットを利用して，利用者が自宅や事務所において，パソコンの画面上で確認することができるものである。このサービスは，登記事項証明書とは異なり，「閲覧」と同等のサービスであるから登記官の認証は付されず，したがって，法的な証明力はない。

　c　提供される登記情報は，不動産登記でコンピュータ化された登記記録に記録された事項の全部（別掲【全部事項】（215ページ）参照）又は一部（不動産の所有権の登記名義人の氏名又は名称及び住所並びに当該登記名義人が二人以上であるときは当該登記名義人ごとの持分のみについての情報。別掲【所有者事項】（215ページ）参照）についての情報である（電気通信回

212

第五節　登記事項の証明等

線による登記情報の提供に関する法律2条1項2号，同法施行規則1条2項
1号・2号）。ただし，次の場合は，提供することができない（電気通信回
線による登記情報の提供に関する法律2条1項ただし書，同法施行規則1条
1項1号）。

① 不動産の登記簿に記録されている登記情報のうち，請求に係る情報量
が1メガバイトを超えるもの（電気通信回線による登記情報の提供に関
する法律施行規則1条1項1号）

② 地図，建物所在図，地図に準ずる図面及び土地所在図等（不登規則1
条7号）情報のうち，請求に係る図面に関する事件の数が99を超えるも
の（同項4号イ）

③ 上記②の情報のうち，請求に係る一事件に関する図面について出力装
置の映像面に表示すべき画面の数が50を超えるもの（同項4号ロ）

④ 上記②の情報のうち，請求に係る情報量が1メガバイトを超えるもの
（同項4号ハ）

d オンラインによる登記情報の提供サービスは，コンピュータ化された
登記情報に対するサービスであるから，コンピュータ化されずに紙の登記簿
や地図等（不登規則1条2号）として管理されているものについては，サー
ビスの対象とならない。

(2) 利用方法

a 利用方法は，次のとおりである。

① まず，指定法人に利用者登録（登記情報提供契約の締結）をして，利
用者識別番号（ＩＤ）及びパスワードの交付を受ける。利用者登録は，
個人利用の場合は，インターネットのホームページから直接申し込み，
その他（法人利用又は国等）の場合は，郵送により申し込む。ただし，
一時利用の場合は，あらかじめ「申込手続」をすることなく，クレジッ
トカードの即時決済により，すぐに利用することができる。

② 利用者は，インターネットにより，指定法人のホームページにアクセ
スして，ＩＤ及びパスワードとともに，不動産の表示等を入力して，
登記情報の提供を請求する。

③ 指定法人は，登記所のコンピュータシステムから送信された請求に係
る登記情報を，インターネットにより，利用者に送信する。

第一章　総　説

④　利用者は，送信された登記情報（ＰＤＦファイル）をパソコンの画面
上に表示し，又は印刷する。

⑤　利用時間は，月曜日から金曜日（祝祭日及び12月29日から翌年１月３
日を除く。）の午前８時30分から午後９時までである。

⑶　**利用料金**

a　利用料金は，次のとおりである。

①　全部事項は，１件につき335円（うち，登記手数料320円―登記手数料
令13条４号）

②　所有者事項は，１件につき145円（うち，登記手数料130円―同条１
号）

③　地図は，１件につき365円（うち，登記手数料350円―同条３号）

④　土地所在図等１件につき365円（うち，登記手数料350円―同条３号）

b　指定法人への登録費用は，個人は300円，法人は740円，国又は地方公
共団体は560円である。

c　利用料金の決済方法は，次のとおりである。

①　一時利用による場合は，クレジットカードによる即時決済

②　個人利用による場合は，クレジットカードによる月毎の決済

③　法人利用による場合は，銀行口座からの引落し

④　国又は地方公共団体利用による場合は，指定法人の指定口座への銀行
振込み

第五節　登記事項の証明等

【全部事項】

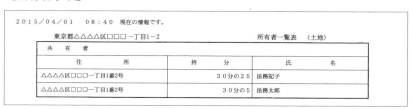

【所有者事項】

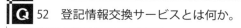

> **Q 52**　登記情報交換サービスとは何か。

　A　「登記情報交換サービス」とは，登記所が保有する登記記録に係る登記事項証明書の交付を，登記所間の通信回線網を利用すること

第一章　総　説

　　　により，その不動産を管轄する登記所とは別の登記所においても，
　　　請求することができる制度である。

解説

　a　ブック式登記簿においては，登記簿謄本等の交付を請求する場合には，管轄登記所に赴いて請求するか，郵送（旧不登法21条2項）で請求しなければならなかった。しかし，コンピュータ処理を行う登記所の間であれば，管轄登記所に赴くことなく，最寄りの登記所で，他の登記所の登記事項証明書を請求することができる（不登法119条5項）。これが「登記情報交換サービス」である。

　b　登記情報交換サービスについては，登記事務をコンピュータによって取り扱うことができることとした不動産登記法及び商業登記法の一部を改正する法律（昭和63年法律第81号）において法律上の手当を終えていたものの，コンピュータ化された登記記録の情報を対象とするものであるところから，当初は対象となる登記記録が少なかったためサービスが提供されていなかった。しかし，その後の登記事務のコンピュータ化の進ちょく状況及び政府の高度情報通信社会に向けての取組状況等を勘案して，平成12年6月から提供が開始された。

　c　登記情報交換サービスは，コンピュータ化された登記記録の情報が対象であるから，ブック式登記簿の閉鎖登記簿については請求することができない。

　d　登記情報提供サービス（Q51（211ページ）参照）は，登記情報の提供のみであるから，その情報には登記官の認証文は付されないのに対して，登記情報交換サービスは，登記事項証明書の交付制度であるから，遠方の登記所が管轄する不動産に関する登記事項証明書を第三者に提出する必要がある場合に有用な制度である。

　e　登記情報交換サービスの手数料は，管轄登記所で請求する場合と同額である。

　f　登記情報交換サービスによる登記事項証明書の認証文には，登記事項証明書を作成した登記所の表示とともに，請求に係る不動産の所在地を管轄する登記所の表示を付記する（不登準則136条4項）。具体的には，次のとおりである。

第五節　登記事項の証明等

これは，登記記録に記録されている事項の全部を証明した書面である。
（○○法務局○○支局管轄）
平成○○年○月○日
○○地方法務局○○出張所

登記官　○　○　○　○　㊞

資　料　編

・登記簿，台帳一元化完了期日一覧表
　（この資料は開始ページが264ページ，終了ページが
　　220ページの逆開きとなります。）

支局	出張所	日付
大洲支局	久万出張所	三八・二・二八
	美川 〃	四二・二・三一
	小田 〃	四一・二・三一
	内子出張所	四二・二・三一
	長浜 〃	四〇・二・三一
	肱川 〃	四二・二・三一
八幡浜支局	三瓶出張所	四〇・二・三一
	瀬戸 〃	四〇・二・三一
	三崎 〃	四二・二・三一
西条支局	新居浜出張所	四六・二・三一
	伊予三島 〃	四四・二・三一
	土居 〃	四三・二・三一
	新宮 〃	三七・二・三一
	小松 〃	四六・一・三一
	丹原 〃	四六・一・三一
今治支局	吉海出張所	三九・一・三一
	伯方 〃	四二・一・三一

支局	出張所	日付
宇和島支局	岩城出張所	四三・二・三一
	大三島 〃	四五・二・三一
	三間出張所	四一・二・三一
	広見 〃	四〇・二・三一
	松野 〃	四〇・二・三一
	津島 〃	四三・二・三一
	宇和 〃	四五・一・三一
	野村 〃	四五・一・三一
	城川 〃	四六・一・三一
	城辺 〃	四三・二・三一

（登記研究編集室編「戦後の不動産登記制度の回顧」より）

登記簿，台帳一元化完了期日一覧表

高知地方法務局	土佐出張所	三六・一二・三一
	伊野 〃	四二・一・三一
	上八川 〃	三六・一・三一
	吾川 〃	三六・一・三一
	池川 〃	四〇・一・三一
	南国 〃	四〇・一・三〇
	本山 〃	三九・一・三一
	豊永 〃	四二・一・三〇
赤岡支局	山田出張所	三八・一一・三一
	美良布 〃	四二・九・三〇
	大栃 〃	四四・八・三一
須崎支局	高岡出張所	四〇・一二・三一
	中土佐 〃	三八・一二・三一
	佐川 〃	三七・一〇・三一
	越知 〃	三八・一二・三一
	葉山 〃	四〇・一二・三一
	東津野 〃	四五・七・三一

安芸支局	橋原出張所	四一・一〇・一〇
	窪川 〃	四二・九・三〇
	仁淀 〃	四〇・一二・三〇
	室戸出張所	三九・一・三一
	田野 〃	四三・八・三一
	野根 〃	四四・一・三一
中村支局	清水出張所	四五・一・三一
	宿毛 〃	四三・一・三一
	弘見 〃	四五・七・三一
	大正 〃	四三・七・三一
	江川崎 〃	四四・一〇・三一
松山地方法務局	北条出張所	三七・二・二八
	中島 〃	三八・二・二八
	川内 〃	四二・二・三一
	砥部 〃	三七・一・三一
	伊予 〃	三九・二・三一
	中山 〃	四一・二・三一

資料編

高松法務局

本局・支局	出張所	年月日
高松法務局	香南出張所	三六・二・二八
	三木 〃	四四・一二・三一
	長尾 〃	四二・八・三一
	大内 〃	三八・一・三一
	津田 〃	四三・一二・三一
	土庄 〃	三八・一・三一
	内海 〃	四四・一二・三一
	綾南 〃	三九・一・三一
丸亀支局	坂出張所	三七・一・三一
	琴平 〃	三八・一二・三一
	善通寺 〃	三九・一二・三一
観音寺支局	詫間出張所	四〇・一二・三一
徳島地方法務局	国府出張所	三八・一・一
	小松島 〃	四〇・二・二八
	勝浦 〃	四四・一〇・三一

本局・支局	出張所	年月日
徳島地方法務局	石井出張所	三八・一・一
	神山 〃	三八・一・二九
	上板 〃	四三・一・二八
	板野 〃	四一・一・二八
	鳴門 〃	四一・一二・二八
	川内 〃	三八・一・二八
	住吉 〃	四〇・一・二八
阿南支局	鷲敷出張所	三九・一・三一
	羽ノ浦 〃	四四・二・二八
	上那賀 〃	四一・一二・三一
	日和佐 〃	四五・一〇・三〇
	海部 〃	四六・一・三一
	木頭 〃	四五・九・三〇
脇町支局	穴吹出張所	四一・二・二八
	美馬 〃	四二・二・二八
	西祖谷山 〃	四三・一・三〇
	池田 〃	四二・一二・二八
川島支局	阿波出張所	四三・二・二九

登記簿，台帳一元化完了期日一覧表

帯広支局	清水 〃	四五・一二・三一
	芽室 〃	四一・三・三一
	上士幌出張所	四二・一二・三一
釧路地方法務局	浜中 〃	四〇・一・一〇
	厚岸 〃	三九・三・三一
	標茶 〃	三九・二・二九
	阿寒出張所	三八・三・二〇
稚内支局	礼文 〃	四四・一二・三一
	利尻 〃	四四・一二・三一
	天塩出張所	四一・一二・三一
	羽幌出張所	三九・一・三一
留萌支局	中頓別 〃	四四・一二・三一
	浜頓別 〃	四四・七・三一
	枝幸 〃	四五・一二・三一
	興部 〃	四五・一二・三一
	紋別出張所	四三・一二・三一

根室支局	標津 〃	四四・三・三一
	別海出張所	四二・二・三一
北見支局	佐呂間 〃	三九・二・二九
	遠軽 〃	四二・二・三一
	上湧別出張所	四四・二・二八
網走支局	小清水 〃	四〇・三・三一
	斜里 〃	四二・三・三一
	美幌 〃	四二・三・一四
	常呂出張所	三九・三・三一
	大樹 〃	四二・三・三一
	広尾 〃	四二・一二・三一
	浦幌 〃	四五・三・三一
	足寄 〃	四五・三・三一
	本別 〃	四二・一二・三一
	池田出張所	四五・二・二八

資料編

函館地方法務局

岩内支局

古平出張所	四五・六・三〇
倶知安出張所	四〇・三・三一
留寿都 〃	四四・三・二〇
蘭越 〃	四五・二・三〇

函館地方法務局

戸井出張所	三六・二・三一
大野 〃	四一・一・三一
七飯 〃	三九・一・三一
木古内 〃	四三・二・三一
森 〃	四一・三・一〇
南茅部 〃	四三・二・三一
八雲 〃	四一・一・三一
長万部 〃	三九・二・三一
松前 〃	四四・二・三一
福島 〃	四一・二・三一
瀬棚 〃	四五・二・二八
今金 〃	三八・一・三一

江差支局

厚沢部出張所	三九・一・三〇

旭川地方法務局

寿都支局

乙部出張所	四一・二・三一
熊石 〃	四三・三・三一
大成 〃	四三・三・三一
奥尻 〃	四四・一二・三一
黒松内出張所	三八・一〇・三一
島牧 〃	三九・三・三一

旭川地方法務局

愛別出張所	三七・三・一五
美瑛 〃	四〇・一・三一
上富良野 〃	三九・三・三一
富良野 〃	四一・一・三一
深川 〃	四一・二・三一
沼田 〃	三九・一・三一

名寄支局

士別出張所	四三・一・三一
和寒 〃	四四・六・三〇
美深 〃	四三・一・三一
中川 〃	四四・二・三一
滝上 〃	四五・二・三一

登記簿，台帳一元化完了期日一覧表

八戸支局

車力出張所	四五・一〇・三一
三戸出張所	四〇・一二・三一
剣吉 〃	四〇・一二・三一
市野沢 〃	四〇・一二・三一
田子 〃	四一・一二・二八
五戸 〃	四五・一〇・三一
戸来 〃	四五・一〇・三一
百石 〃	四二・一二・三一
十和田 〃	四二・一二・三一

札幌法務局

江別出張所	三六・一〇・二
恵庭 〃	三九・三・三一
当別 〃	四二・三・三一
石狩 〃	四四・三・二〇
厚田 〃	四四・九・三〇
浜益 〃	四五・二・三〇

岩見沢支局

美唄出張所	四三・一・三一
芦別 〃	三八・五・三一

室蘭支局

滝川出張所	四〇・三・三一
砂川 〃	四三・三・三一
月形 〃	四五・九・三〇
由仁 〃	四一・二・二八
夕張 〃	四三・三・三一
長沼 〃	四一・三・三一
伊達出張所	四一・三・三一
虻田 〃	四二・三・三一
苫小牧 〃	四〇・三・三一
厚真 〃	四〇・三・三一
鵡川 〃	四一・三・三一

浦河支局

様似出張所	三九・三・三一
幌泉 〃	四五・三・三一
三石 〃	四五・一・三一
静内 〃	四四・三・三一
門別 〃	四五・一・三一
平取 〃	三七・一一・三〇

小樽支局

余市市出張所	四三・三・三一

資料編

第一表（上段）

湯沢支局	浅舞出張所	四一・一三一
	沼館　〃	四一・一三一
	大森　〃	四一・一三一
	稲庭出張所	四二・一三一
	横堀　〃	四二・一三一
	西馬音内〃	四二・一三一
	増田　〃	四〇・一三一
大曲支局	角館出張所	四〇・二三一
	田沢湖　〃	四五・一三一
	六郷　〃	四〇・一三一
	刈和野　〃	四〇・一三一
	横沢　〃	四〇・二三一
青森地方法務局	蟹田出張所	三七・一三一
	今別　〃	三七・一三一
	小湊　〃	四五・九三〇
	野辺地　〃	四四・四三〇
	七戸　〃	四三・二三一

第二表（下段）

五所川原支局	乙供出張所	四四・一二三一
	むつ　〃	四三・一二三一
	大間　〃	四五・一二三〇
	川内　〃	四五・一〇三一
	原子出張所	四〇・二二八
	金木　〃	四〇・二二八
	小泊　〃	三七・八三一
	板柳　〃	四一・一二三一
弘前支局	高杉出張所	三九・二二九
	黒石　〃	三九・一二九
	藤崎　〃	三九・二二九
	浪岡　〃	三九・二二九
	平賀　〃	四一・一二三一
	尾上　〃	四一・一二三一
	大鰐　〃	四一・一二三一
鰺ケ沢支局	深浦出張所	四五・一〇三一
	木造　〃	四一・一二八
	稲垣　〃	四五・一〇三一

登記簿，台帳一元化完了期日一覧表

宮古支局

名称	完了期日
山田出張所	四四・一・三一
岩泉 〃	四五・九・三〇

一関支局

涌津出張所	四〇・一二・三一
藤沢 〃	四一・一二・三一
千厩 〃	四三・一二・三一
大東 〃	四〇・一二・三一
長坂 〃	四〇・一二・三一

水沢支局

金ケ崎出張所	三八・一二・三一
前沢 〃	三八・一二・三一
江刺 〃	四二・一二・三一

秋田地方法務局

名称	完了期日
土崎出張所	三八・一・三一
五城目 〃	三八・一二・三一
船越 〃	四四・一二・三一
船川港 〃	三九・一二・三一
北浦 〃	三九・一二・三一
飯田川 〃	四五・一二・三一

能代支局

新屋出張所	三八・一・三一
和田 〃	三八・一・三一
沢目出張所	三九・一・三一
二ツ井 〃	三九・一二・三一
山本 〃	四一・一二・三一

本荘支局

仁賀保 〃	四三・一二・三一
象潟 〃	四四・一二・三一
矢島出張所	四四・一二・三一
東由利 〃	四四・一二・三一

大館支局

鷹巣出張所	四五・一二・三一
扇田 〃	三九・一二・三一
山瀬 〃	三九・一二・三一
阿仁合 〃	四五・一二・三一
森吉 〃	四五・一二・三一
合川 〃	四五・一二・三一
花輪 〃	三九・一二・三一

横手支局

名称	完了期日
毛馬内 〃	四一・一二・三一

資料編

盛岡地方法務局

支局	出張所	年月日
鶴岡支局	宮内出張所	四四・一二・三一
	長井〃	四五・一二・三一
	荒砥〃	四五・一二・三一
	小国〃	四五・九・三〇
	山添出張所	四〇・一二・二八
	狩川〃	四三・一二・二九
	温海〃	四二・一二・二八
酒田支局	松嶺出張所	四二・一二・二八
	観音寺〃	四四・一二・二八
	遊佐〃	四四・一二・二八
	余目	四四・一二・二八
盛岡地方法務局	沼宮内出張所	三七・一二・三一
	渋民〃	三九・一二・三一
	雫石〃	三七・一二・三一
	平舘〃	四〇・一二・三一
	日詰〃	三七・一二・三一
	葛巻	三九・一二・三一

支局	出張所	年月日
花巻支局	大迫出張所	四一・一二・三一
	石鳥谷〃	三九・一二・三一
	北上〃	四一・一二・三一
	和賀〃	四二・一二・三一
	土沢〃	三八・一二・三一
	沢内〃	三九・一二・三一
二戸支局	浄法寺出張所	三九・一二・三一
	一戸〃	四五・一二・三一
	荒屋〃	四四・一二・五
	久慈〃	四五・八・三一
	種市〃	四五・九・三〇
	軽米	四五・一二・五
遠野支局	大槌出張所	四五・七・三一
	釜石〃	四五・一二・三一
	宮守〃	四四・一二・五
	大船渡〃	四四・一二・三一
	世田米〃	四五・七・三一
	高田	四五・八・三一

登記簿，台帳一元化完了期日一覧表

若松支局	竹貫出張所	四五・一二・三一
	坂下出張所	三七・一二・三一
	野沢 〃	三七・一二・三一
	柳津 〃	四一・一二・二八
	高田 〃	四三・一二・二九
	川口 〃	四五・一二・三一
	喜多方 〃	三七・一二・三一
	猪苗代 〃	四三・一二・二八
	塩川 〃	三七・一一・三一
	山都 〃	三七・一一・三一
	田島 〃	四五・一二・三一
	大宮 〃	四五・一二・二八
	只見 〃	三九・一一・三一
平支局	四倉出張所	四三・一二・二九
	小名浜 〃	四二・一二・三〇
	勿来 〃	四一・一二・二八
	富岡 〃	四四・一二・三一
	浪江 〃	四四・一二・三一
	双葉 〃	四四・一二・三一

局	支局	出張所	完了期日
山形地方法務局		上山出張所	三七・一二・二八
		山辺 〃	三七・一二・二八
		天童 〃	三七・一二・二八
		楯岡 〃	三九・一二・三一
		東根 〃	三九・一二・二八
		尾花沢 〃	四一・一二・三一
	寒河江支局	谷地出張所	三九・一二・三一
		左沢 〃	四一・一二・二八
		海味 〃	四一・一二・二八
		宮宿 〃	四一・一二・二八
	新庄支局	鮭川出張所	四一・一二・二八
		真室川 〃	四三・一二・二八
		向町 〃	四三・一二・二九
	米沢支局	小松出張所	四四・一二・三一
		高畠 〃	四五・一二・三一
		赤湯 〃	四四・一二・三一

石巻支局	鳴子出張所	四一・二・二八
	涌谷〃	三七・七・三一
	田尻〃	三七・二・三一
	築館〃	四二・二・二八
	岩ケ崎〃	四五・一〇・三一
	若柳〃	四五・一〇・三一
	広淵出張所	三九・一・三一
	小野〃	四〇・一〇・三一
	飯野川〃	四〇・一〇・三一
登米支局	佐沼出張所	四二・一・三一
気仙沼支局	志津川出張所	四二・一・三一
	津谷〃	四三・二・三一
福島地方法務局	飯坂出張所	四四・一〇・三一
	松川〃	三六・四・三〇
	二本松〃	三八・一・三一
	本宮〃	三八・一・三一

支局	出張所	年月日
相馬支局	小浜出張所	三七・一・三一
	桑折〃	四一・一・二八
	梁川〃	四一・二・二八
	掛田〃	三八・一・三一
	保原〃	四〇・二・二八
	川俣〃	三七・一・三一
	鹿島出張所	三六・二・一〇
	原町〃	三六・二・一〇
	小高〃	三六・二・一〇
郡山支局	福良出張所	四〇・一〇・三一
	三春〃	四二・二・二八
	常葉〃	四二・二・二八
	小野町〃	四四・二・二八
白河支局	矢吹出張所	四三・二・二九
	須賀川〃	四五・二・三一
	石川〃	四四・二・三一
	棚倉〃	四三・二・三一
	塙〃	四四・二・三一

登記簿，台帳一元化完了期日一覧表

延岡支局

三股出張所	四〇・一二・三一
高城 〃	四五・一二・三一
荘内 〃	四二・一二・三一
山田 〃	三九・七・三一
高崎 〃	四五・一二・三一
野尻 〃	四五・一二・三一
小林 〃	四一・一二・三一
高原 〃	四一・九・三〇
加久藤 〃	四四・一二・三〇

高千穂支局

日向出張所	三九・一二・二九
門川 〃	四三・一二・三一
東郷 〃	四三・一二・三一
神郷 〃	四五・一二・三一
田代 〃	四四・一一・三〇
北方 〃	四〇・八・三一
北川 〃	四一・九・三一
北浦 〃	三八・八・三一
諸塚 〃	四五・六・三〇
椎葉 〃	四二・一二・三一
日之影出張所	四四・一二・三一
五ケ瀬 〃	四五・九・三〇

仙台法務局

塩釜出張所	四二・一二・三一
広瀬 〃	三七・一二・三一
岩沼 〃	三六・一二・三一
増田 〃	三六・一二・三一
吉岡 〃	四〇・一二・三一
松島 〃	三九・一二・三〇
亘理 〃	三九・一二・三一

大河原支局

村田出張所	四一・一二・二八
川崎 〃	四〇・九・三〇
白石 〃	四一・一二・三〇
角田 〃	四三・一〇・三一
丸森 〃	四〇・一二・三一

古川支局

松山出張所	四一・一一・三〇
中新田 〃	四三・一二・三一
岩出山 〃	四一・一二・三一

資料編

鹿屋支局

阿久根出張所	四三・九・三〇
長島 〃	四五・一〇・三一
市来 〃	四二・一〇・三一
垂水出張所	四四・九・三〇
串良 〃	四二・一〇・三一
高山 〃	四一・九・三〇
内之浦 〃	四五・七・三一
大根占 〃	四〇・一二・三一
佐多 〃	四五・七・三一
輝北 〃	四五・七・三一
大隅 〃	四四・九・三一
志布志 〃	四三・九・三一
大崎 〃	四二・一〇・三一

名瀬支局

笠利出張所	四一・九・三〇
宇検 〃	四一・九・三〇
瀬戸内 〃	四四・九・三〇
早町 〃	四五・七・三一
喜界 〃	四五・七・三一
亀津 〃	四五・一〇・三一
天城出張所	四五・七・三一
伊仙 〃	四五・七・三一
和泊 〃	四五・七・三一
知名 〃	四五・七・三一
与論 〃	四五・七・三一

宮崎地方法務局

田野出張所	三八・一二・二八
佐土原 〃	三九・二・二八
高鍋 〃	三九・一二・三一
都農 〃	四一・一二・三一
川南 〃	四三・一二・三一
西米良 〃	四四・一二・三一
西都 〃	四四・一二・三一
高岡 〃	三九・七・三一

日南支局

本庄 〃	四〇・七・三一
北郷出張所	四〇・一二・三一
南郷 〃	四一・一二・三一

都城支局

串間 〃	四二・一二・三一

登記簿，台帳一元化完了期日一覧表

鹿児島地方法務局・加治木支局・天草支局

加治木支局	加治木支局	三七・一二・三一
鹿児島地方法務局	下屋久〃	四五・一〇・三一
	上屋久〃	四五・一〇・三一
	中種子〃	四四・九・三〇
	西之表〃	四四・九・三〇
	伊集院〃	三八・一二・三一
	吹上〃	三九・三・三一
	谷山出張所	三九・一二・三一
天草支局	河浦〃	四二・一二・三一
	高浜〃	四四・一二・三一
	宮田〃	四三・一〇・三一
	合津〃	四三・一二・三一
	牛深〃	四二・一二・三一
	富岡〃	四五・一〇・三一
	赤崎出張所	四四・一一・三〇
	免田〃	四五・七・三一
	湯前〃	四五・九・三〇
	多良木出張所	四五・一〇・三一

川内支局・知覧支局

川内支局	出水〃	四四・九・三〇
	下甑〃	四五・七・三一
	上甑〃	四五・一〇・三一
	宮之城〃	四三・一二・三一
	入来出張所	四〇・一二・三一
知覧支局	喜入〃	三八・一一・三〇
	頴娃〃	四一・一二・三一
	指宿〃	四二・一二・三一
	川辺〃	四一・一一・三〇
	加世田〃	四三・一二・三一
	枕崎〃	四三・九・三〇
	笠沙出張所	四〇・一二・三一
	末吉〃	三七・一二・三一
	財部〃	三八・一二・三一
	大口〃	四〇・一二・三一
	国分〃	三九・一二・三一
	栗野〃	四一・九・三〇
	横川〃	四一・一二・三一
	蒲生出張所	三七・一二・三一

資料編

熊本地方法務局

熊本地方法務局	津江出張所	四五・七・一
	玖珠出張所	四四・九・三〇
	野上〃	四五・九・三〇
熊本地方法務局	城山出張所	三七・三・一〇
	川尻〃	三七・三・一〇
	大津〃	三七・三・一〇
	合志〃	四二・三・二八
	松橋〃	四二・三・二八
	小川〃	四一・三・二八
三角支局	宇土出張所	四〇・三・三〇
玉名支局	伊倉出張所	三九・二・二九
	長洲〃	四五・二・三一
	荒尾〃	三九・二・二九
	南関〃	三九・二・二九
	菊水〃	四〇・二・三一
御船支局	益城出張所	三七・二・三一

山鹿支局	矢部出張所	四三・二・三一
	隈庄〃	四三・一〇・三一
	堅志田〃	四五・八・三一
	砥用〃	四五・八・三一
	馬見原〃	四三・二・三一
	植木出張所	四一・二・三一
阿蘇支局	隈府〃	四三・一・三一
	内牧出張所	四二・一〇・三一
	吉田〃	四二・一・二八
	高森〃	四二・一・三〇
	小国〃	四二・一・三〇
八代支局	津留〃	四四・一・三〇
	宮原町出張所	四〇・一・二八
	柿迫〃	四一・一・三一
	芦北〃	四三・一・三一
人吉支局	水俣出張所	四一・二・二八
	四浦出張所	四四・一・三一

登記簿，台帳一元化完了期日一覧表

局・支局	出張所	完了期日
大分地方法務局	佐須奈出張所	四五・一二・三一
大分地方法務局	鶴崎出張所	三七・一〇・三一
大分地方法務局	稙田〃	三八・一〇・三一
大分地方法務局	庄内〃	三七・一〇・三一
大分地方法務局	大南〃	四〇・一〇・三一
大分地方法務局	犬飼〃	三八・一一・三〇
大分地方法務局	別府〃	四〇・一一・三〇
大分地方法務局	由布院〃	三七・一一・三〇
大分地方法務局	坂ノ市〃	三九・一一・三〇
杵築支局	日出出張所	三八・一一・三〇
杵築支局	安岐〃	三九・一一・三〇
杵築支局	国東〃	四〇・一一・三〇
臼杵支局	佐賀関出張所	四五・七・三一
臼杵支局	津久見〃	四三・一〇・三一
佐伯支局	野津〃	四一・一二・三一
佐伯支局	蒲江出張所	四四・八・三一

局・支局	出張所	完了期日
竹田支局	宇目出張所	四五・一二・三〇
竹田支局	長湯出張所	四五・九・三〇
竹田支局	三重〃	四四・七・三一
竹田支局	清川〃	四二・七・三一
竹田支局	大野町〃	四五・九・三〇
竹田支局	久住〃	四五・八・三一
中津支局	東耶馬溪出張所	三八・一一・三〇
中津支局	下郷〃	四四・一〇・三一
中津支局	四日市〃	四三・一二・二〇
中津支局	長洲〃	四三・一一・二〇
中津支局	宇佐〃	四五・一一・三〇
中津支局	安心院〃	四五・八・三一
中津支局	院内〃	四〇・一二・三一
豊後高田支局	真玉出張所	四三・一一・三〇
豊後高田支局	国見〃	四二・一一・三〇
日田支局	天ケ瀬出張所	四五・一〇・三一
日田支局	大山〃	四一・一二・三一

長崎地方法務局	蚊焼出張所	三七・一三一
	時津〃	三七・一三一
	亀岳〃	三七・一三一
	大瀬戸〃	三八・一三〇
	三重〃	三八・一三〇
	東長崎〃	三七・一三一
	飯盛〃	四〇・一三一
大村支局	彼杵出張所	四一・一三一
	川棚〃	四一・一三一
	諫早〃	四一・一三一
	高来〃	四〇・一三一
島原支局	国見出張所	三八・一三〇
	愛野〃	四三・一三〇
	小浜〃	四三・一三〇
	口ノ津〃	四二・一三一
	有家〃	四二・一三一
佐世保支局	早岐出張所	四一・一二八
	西海出張所	四〇・一三一
	相浦〃	四一・一二八
	佐々〃	四一・一二八
	小値賀〃	四四・一三〇
	宇久〃	四四・一三一
平戸支局	津吉出張所	三八・一三一
	生月〃	三八・一三一
	大島〃	四〇・一三一
	今福〃	四三・一三一
	松浦〃	四三・一三一
壱岐支局	芦辺〃	四五・一三〇
	勝本出張所	四五・一三〇
福江支局	富江出張所	四四・一三〇
	若松〃	四四・一三〇
	有川〃	四三・一三〇
厳原支局	雞知出張所	四三・一三〇
	豊玉〃	四五・九三〇

登記簿，台帳一元化完了期日一覧表

行橋支局	豊前出張所	四三・一二・三一
	椎田 〃	四五・九・三〇
	垂水 〃	四五・一二・三一
田川支局	香春出張所	四四・七・三一
	金田 〃	四四・一二・三一
	添田 〃	四五・一二・三一
佐賀地方法務局	川副出張所	三五・一二・三一
	大和 〃	三五・一二・二八
	背振 〃	三五・一二・二八
	神埼 〃	三六・一二・二八
	蓮池 〃	三七・三・二〇
	牛津 〃	三六・一二・二八
	小城 〃	三六・二・二八
	多久 〃	三六・二・二八
	富士 〃	三五・一二・三一
	鳥栖 〃	三九・一〇・三一
	北茂安	三八・一二・三一

武雄支局	三根出張所	三九・二・二九
	山内出張所	三八・一二・三一
	白石 〃	三九・一〇・三一
	鹿島 〃	四三・一・三一
	太良 〃	四〇・六・三〇
	嬉野 〃	四〇・二・三〇
伊万里支局	波多津出張所	三七・二・二八
	有田 〃	三七・二・二八
	大川 〃	四二・一・二八
唐津支局	相知出張所	四四・二・三一
	浜崎 〃	四二・一・三一
	玄海 〃	四二・一・三一
	肥前 〃	三八・二・二八
	呼子 〃	四四・一二・三一

資料編

福岡法務局

福岡法務局	西新町出張所	三六・一二・三一
	二日市〃	三六・一二・三一
	老司〃	四〇・一二・三一
	箱崎〃	三六・一二・三一
	粕屋〃	三六・一二・三一
	東郷〃	四〇・一二・三一
	福間〃	四一・一二・三一
	周船寺〃	四〇・一二・三一
	前原〃	三六・一二・三一
	二丈〃	三七・一二・三一
甘木支局	杷木出張所	四二・一二・三一
飯塚支局	筑穂出張所	三七・一二・三一
	大隈〃	四五・九・三〇
直方支局	若宮出張所	三九・一・三一
久留米支局	北野出張所	三八・一一・三〇

吉井支局	松崎出張所	三八・一二・三一
	大善寺〃	四〇・一二・三一
柳川支局	瀬高出張所	四一・一二・三一
	大川〃	四〇・一二・三一
	大牟田〃	四三・九・三〇
八女支局	黒木出張所	四四・一二・三一
	筑後〃	四四・一二・三一
	星野〃	四二・一二・三〇
小倉支局	西谷出張所	三七・一二・三一
	門司〃	三七・一二・三一
	曽根〃	三九・一二・三一
	折尾〃	三七・一二・三一
	水巻〃	三九・一二・三一
	黒崎〃	三九・一二・三一
	八幡〃	三九・一二・三一
	戸畑〃	三九・一二・三一
	若松〃	三九・一二・三一

登記簿，台帳一元化完了期日一覧表

松江地方法務局	宍道出張所	三八・二・二八
	本庄 〃	四〇・五・三一
	広瀬 〃	三九・二・三一
	安来 〃	四〇・一・三一
	伯太 〃	四〇・二・三一
木次支局	大東出張所	四〇・一・三一
	仁多 〃	四五・二・三一
	横田 〃	四五・二・三一
	掛合 〃	四三・一・三一
	頓原 〃	四三・二・一〇
出雲支局	平田出張所	四四・二・三一
	大社 〃	三九・一・三一
	斐川 〃	四二・一・二八
	佐田 〃	四五・一・三一
	多伎 〃	四五・一・三一
	三瓶 〃	三九・一・三一
	大田 〃	四〇・二・二八
	大森 〃	三九・一・三〇
浜田支局	江津出張所	四一・二・二八
	旭 〃	四三・二・二八
	弥栄 〃	四五・一・三一
	三隅 〃	四二・二・二八
益田支局	美都出張所	四五・二・二八
	匹見 〃	四五・二・三一
	津和野 〃	四四・一・三〇
	日原 〃	四五・三・三一
	六日市 〃	四三・二・二九
川本支局	温泉津出張所	四五・一・三一
	大和 〃	四二・一・三一
	瑞穂 〃	四四・一・三一
	邑智 〃	四三・二・二九
	桜江 〃	四二・二・三一
	石見 〃	四六・一・三一
西郷支局	西ノ島出張所	四〇・二・三一
	海士 〃	四〇・九・三〇

鳥取地方法務局

美作支局	加茂出張所	四二・一・二八
美作支局	久米南 〃	四二・一・三一
美作支局	久米 〃	四一・二・二八
美作支局	旭 〃	四四・一・三一
美作支局	中央 〃	四一・二・二八
勝山支局	勝北出張所	四四・二・二八
勝山支局	大原 〃	四四・二・二九
勝山支局	美甘出張所	三五・二・三一
勝山支局	落合 〃	四三・一〇・三一
勝山支局	久世 〃	四一・一・三一
勝山支局	湯原 〃	四五・九・三〇
勝山支局	八束 〃	四五・四・三〇
鳥取地方法務局	岩美出張所	三七・一・三一
鳥取地方法務局	中河原 〃	三七・一・三一
鳥取地方法務局	鹿野 〃	四五・二・三一
鳥取地方法務局	青谷 〃	四三・二・三一
鳥取地方法務局	河原 〃	三七・一・三一

倉吉支局	郡家出張所	三九・一・三一
倉吉支局	若桜 〃	三九・一〇・三一
倉吉支局	用瀬 〃	四三・二・三一
倉吉支局	智頭 〃	四二・二・三一
倉吉支局	東伯出張所	四三・二・三一
倉吉支局	赤碕 〃	四四・二・三一
倉吉支局	三朝 〃	四一・一・三〇
倉吉支局	東郷 〃	四二・一・三一
倉吉支局	関金 〃	三九・一〇・三〇
倉吉支局	由良 〃	四二・二・三一
米子支局	境港出張所	四一・一・三〇
米子支局	淀江 〃	四三・二・三一
米子支局	名和 〃	四五・二・三一
米子支局	法勝寺 〃	四一・二・三一
米子支局	溝口 〃	四一・一・三一
米子支局	黒坂 〃	四四・二・三一
米子支局	日南 〃	四五・二・三一
米子支局	根雨 〃	四四・二・三一

登記簿，台帳一元化完了期日一覧表

局・支局	出張所	完了期日
宇部支局	吉田出張所	三八・一二・三一
	船木出張所	三八・一二・二八
	厚狭〃	三九・一二・三一
	小野田〃	四一・一〇・三一
岡山地方法務局	加茂川出張所	三八・二・二八
	御津〃	三七・三・三一
	瀬戸〃	三九・二・二九
	赤坂〃	三九・二・二九
	吉井〃	四五・一・三一
	和気〃	四五・一〇・三一
	備前〃	四三・一・三一
	邑久〃	四五・八・三一
	牛窓〃	四五・一・三〇
	西大寺〃	四四・二・三〇
	児島〃	四三・一・三一
	甲浦〃	三七・三・三一
	玉野〃	三七・二・二八
	足守〃	三七・三・三一

玉島支局	総社出張所	三七・三・三一
	吉備〃	四〇・二・二八
	鴨方出張所	四一・一二・二八
	倉敷〃	四五・一〇・三一
	真備〃	四四・一・三一
笠岡支局	神島外出張所	三九・一〇・三一
	矢掛〃	四〇・二・二八
	井原〃	四三・一・三一
高梁支局	賀陽出張所	四二・二・二八
	北房〃	四二・二・二八
	成羽〃	四三・一・三〇
	川上〃	四五・九・三〇
新見支局	大佐〃	四五・七・三一
	哲西出張所	四一・一二・二八
津山支局	鏡野〃	四二・一二・三一
	奥津出張所	四四・一〇・三一

資料編

山口地方法務局・庄原支局ほか

庄原支局

世羅西出張所	四四・一二・三一
吉田〃	四五・一一・三〇
高宮〃	四四・一〇・三一
白木〃	四二・一一・三〇
口和〃	四二・一一・三〇
東城出張所	四五・一一・三〇
西城〃	四一・一二・二八

山口地方法務局

小郡出張所	三八・一二・二八
阿知須〃	三八・一二・二八
防府〃	四〇・一二・三一
徳地〃	三九・一二・三一
大田〃	四一・一〇・三一
美禰〃	四一・一〇・三一

徳山支局

徳佐〃	三九・一二・一二
南陽出張所	四〇・一二・一五
須々万〃	四〇・一〇・三一
鹿野〃	三九・一〇・三一

萩支局

平生出張所	四三・一二・三一
光〃	四〇・一二・三一
上関〃	四〇・一二・三一
安田〃	四五・六・三〇
〃	四二・一〇・三一
高俣出張所	四四・一二・三一
阿武〃	四四・一二・三一
須佐〃	四三・一二・三一
長門〃	四五・一二・三一
菱海〃	四二・一二・三一

岩国支局

高森出張所	四五・一二・三一
広瀬〃	四五・一二・三一
柳井〃	四四・一二・三一
久賀〃	四五・一二・三一

下関支局

長府出張所	三八・一二・三一
楢崎〃	三九・一二・二九
黒井〃	三八・一二・三一
滝部〃	四三・一二・三一
西市〃	四三・一二・三一

登記簿，台帳一元化完了期日一覧表

呉支局	玖島出張所	三六・三・三一
	津田出張所	三六・三・三一
	西条出張所	四三・一・三一
	志和出張所	四四・一二・三一
	高屋出張所	四五・一・三一
	大和出張所	四四・一二・三一
	豊栄出張所	四二・一二・三一
	音戸出張所	三七・三・三一
	広出張所	三六・四・一四
	倉橋出張所	三七・三・三一
	蒲刈島出張所	三九・一〇・三一
	能美出張所	三九・一二・三一
	黒瀬出張所	三七・一二・二八
竹原支局	安浦出張所	四〇・一二・三一
	豊出張所	四二・一〇・三一
	木江出張所	四三・一・三一
尾道支局	本郷出張所	三九・三・三一
	三原出張所	四三・一・三〇
福山支局	久井出張所	四五・一・三〇
	因島出張所	四〇・一二・三一
	御調出張所	四二・一・三一
	甲山出張所	四三・一・三一
	瀬戸田出張所	四〇・一二・三一
	松永出張所	三八・一二・三一
	沼隈出張所	四二・一・三一
	鞆出張所	四三・一・三一
	加茂出張所	四一・一・三一
	神辺出張所	四二・一・三一
	駅家出張所	四五・一・三〇
	府中出張所	四一・一・三一
	新市出張所	四一・一二・三一
	三和出張所	四五・一・三一
	油木出張所	四四・一・三一
	神石出張所	四四・一・三一
	上下出張所	四〇・二・二八
三次支局	三良坂出張所	四二・一・三〇
	布野出張所	四五・一・三〇

資料編

富山地方法務局

富山地方法務局	東岩瀬出張所	三八・二一・二八
	大山 〃	三八・二一・二八
	大沢野 〃	三八・三一・三一
	八尾 〃	三九・三一・一五
	婦中 〃	四〇・三一・一五
	立山 〃	四〇・一三・三一
魚津支局	黒部出張所	四一・一三・三一
	舟見 〃	四四・二九・三〇
	入善 〃	四五・一二・三〇
	朝日 〃	四五・一二・三一
	滑川 〃	四一・一二・三一
	水橋 〃	四三・一〇・三〇
	上市 〃	四一・一三・三一
高岡支局	小杉出張所	四五・一二・二八
	新湊 〃	四一・一二・三〇
	氷見 〃	四二・一三・三一
	福岡	四〇・一二・三〇
礪波支局	（福岡）	四四・一二・三一
	井波出張所	四二・一三・三一
	平 〃	四四・一三・三一
	城端 〃	四二・一三・三一
	福野 〃	四三・一三・三一
	戸出 〃	四〇・一〇・三〇
	小矢部 〃	四三・一三・三一
	福光 〃	四五・一〇・三一

広島法務局

海田出張所	三六・三一・三一
熊野 〃	三七・二一・三一
祇園 〃	三六・二一・三一
可部 〃	三六・二一・三一
千代田 〃	四〇・二一・三〇
大朝 〃	四〇・二一・三一
芸北 〃	三九・二一・三〇
豊平 〃	四〇・一二・二八
加計 〃	三七・二一・三一
戸河内 〃	四〇・二二・二八
廿日市 〃	三七・一一・三一
大竹 〃	三六・三一・三一

登記簿，台帳一元化完了期日一覧表

支局・法務局	出張所名	完了期日
敦賀支局	勝山出張所	四一・一二・三一
敦賀支局	和泉〃	四四・一二・三一
小浜支局	三方出張所	四三・一・三一
小浜支局	上中出張所	四二・一・三一
小浜支局	高浜〃	四一・一・三一
金沢地方法務局	森本出張所	三八・一・三一
金沢地方法務局	津幡〃	三八・一・三一
金沢地方法務局	宇ノ気〃	三九・一・三一
金沢地方法務局	高松〃	三九・一・三一
金沢地方法務局	野々市〃	三八・一・三一
金沢地方法務局	松任〃	三八・一・三一
金沢地方法務局	金石〃	三九・一・三一
金沢地方法務局	美川〃	三八・一・三一
小松支局	鶴来〃	四二・一・三一
小松支局	白峰〃	四二・二・二八
小松支局	鳥越〃	四〇・一・三一

支局	出張所名	完了期日
小松支局	大聖寺出張所	四一・一・三一
小松支局	山中〃	四三・二・二九
七尾支局	能登部出張所	四二・二・二八
七尾支局	田鶴浜〃	四二・二・二八
七尾支局	中島〃	四一・一・三一
七尾支局	羽咋〃	四一・一・三一
七尾支局	志雄〃	四四・二・二八
七尾支局	高浜〃	四四・二・二八
七尾支局	富来〃	四三・二・二九
輪島支局	門前出張所	四四・一・三一
輪島支局	穴水〃	四五・一・三一
輪島支局	町野〃	四三・二・二九
輪島支局	柳田〃	四五・一・三一
輪島支局	能都〃	四五・一・三一
輪島支局	飯田〃	四四・一・三一
輪島支局	松波〃	四五・一・三一

資料編

御嵩支局

平田出張所	四五・一二・三一
養老〃	四三・一二・三一
上石津〃	四五・一二・三一
垂井〃	四二・一二・三一
広見出張所	三六・一二・二〇
八百津〃	三六・一二・二〇
美濃加茂〃	三六・一二・二〇
川辺〃	三六・三・三一
白川〃	三六・三・三一

多治見支局

土岐出張所	四〇・一二・三一
瑞浪〃	四〇・一二・三一
中津川〃	四二・九・三〇
恵那〃	四五・一二・三一
明智〃	四三・一二・三一
岩村〃	四四・一二・三一
付知〃	四一・一二・三一

高山支局

荘川出張所	四三・一〇・三一
萩原〃	四五・一二・三一
下呂出張所	四四・一二・三一
古川〃	四三・九・三〇
神岡〃	四四・一〇・三〇
上宝〃	四五・一二・三一

福井地方法務局

足羽出張所	三七・一二・三一
松岡〃	三七・一二・三一
越廼〃	三七・一二・三一
三国〃	四〇・一二・三一
春江〃	三八・一二・三一
丸岡〃	三九・一二・三一
金津〃	三七・一二・三一
川西〃	四四・一二・三一

武生支局

朝日出張所	四二・一二・三一
織田〃	三七・一二・三一
鯖江〃	三九・一二・三一
今立〃	四〇・一二・三一

大野支局

池田〃	四三・一二・三一

登記簿，台帳一元化完了期日一覧表

伊勢支局	富洲原出張所	三六・九・三〇
〃	菰野出張所	三七・三・三一
〃	北勢出張所	三八・一・三一
〃	員弁出張所	三八・一・三一
〃	桑名出張所	三六・一・三一
〃	度会出張所	四四・二・二八
〃	滝原出張所	四〇・九・三〇
〃	南島出張所	四五・六・三〇
〃	南勢出張所	四五・九・三〇
〃	鳥羽出張所	四〇・一〇・三〇
〃	磯部出張所	四〇・一〇・三一
〃	鵜方出張所	四一・一〇・三一
〃	大王出張所	四三・一二・三一
熊野支局	鵜殿出張所	四五・一二・三一
〃	御浜出張所	四四・一二・三一
〃	尾鷲出張所	四五・一〇・三一
〃	海山出張所	四五・九・三〇
〃	長島出張所	四四・九・三〇

局／支局	出張所	完了期日
岐阜地方法務局本局	那加出張所	三六・三・二一
〃	笠松出張所	三七・一二・三一
〃	羽島出張所	三六・一二・三一
〃	北方出張所	三七・一二・三一
〃	根尾出張所	三六・一二・三一
〃	高富出張所	三七・一二・三一
〃	美山出張所	三七・一二・三一
〃	美濃出張所	三八・一二・三一
〃	七宗出張所	三八・一二・三一
〃	金山出張所	三七・一二・三一
〃	洞戸出張所	三八・一二・三一
〃	関出張所	四〇・一二・三一
八幡支局	白鳥出張所	三八・一二・三一
大垣支局	神戸出張所	三九・一二・三一
〃	大野出張所	三九・一二・三一
〃	揖斐川出張所	三九・一二・三一
〃	久瀬出張所	四三・九・三〇
〃	海津出張所	四四・一二・三一

資料編

	知立出張所	四一・一二・三一
	刈谷〃	四二・一二・三〇
	碧南〃	四五・一二・三一
	西尾〃	四一・一二・三一
	一色〃	四四・一二・三一
	吉良〃	四五・一二・三一
	足助〃	四五・一二・三一
	下山〃	四五・一二・三一
	豊田〃	四三・一二・三一
	藤岡〃	四五・一二・三一
豊橋支局	田原出張所	三九・一二・三〇
	渥美〃	四五・一二・三一
	豊川〃	四五・一二・三一
	蒲郡〃	四一・一二・三一
新城支局	設楽出張所	四三・一一・三〇
	東栄〃	四四・一一・三一
	鳳来〃	四五・一二・三一

津地方法務局	鈴鹿出張所	三六・一・三一
	亀山〃	三六・一・三一
	関〃	三六・一・三一
	久居〃	三六・一・三一
	川口〃	三六・一・三一
	多気〃	三六・一・三一
	中原〃	三六・一・三一
松阪支局	川俣出張所	三六・一・三一
	粥見〃	三六・一・三一
	相可〃	三六・一・三一
	斉宮〃	三六・一・三一
	荻原〃	三六・一・三一
上野支局	大山田出張所	四四・二・三一
	伊賀〃	三八・一・三一
	名張〃	四一・一〇・三一
	青山〃	三七・三・三一
四日市支局		

登記簿，台帳一元化完了期日一覧表

名古屋法務局	瀬戸 〃	四二・一一・三〇
	広路 〃	三七・二・二八
	有松 〃	四〇・二・二八
	古沢出張所	三七・二・二八
新宮支局	本宮 〃	三六・一・三一
	那智 〃	四一・二・二八
	熊野川出張所	四二・一・一五
	古座出張所	四二・一・三〇
御坊支局	印南出張所	三六・二・一五
田辺支局	竜神 〃	三八・一・三一
	南部 〃	三八・二・一五
	串本 〃	四一・三・一五
	周参見 〃	四〇・三・一
	朝来 〃	四六・一・一一
	栗栖川出張所	三九・三・一五
	粉河出張所	三九・三・一五

岡崎支局	安城 〃	四四・一・三〇
	額田出張所	四四・一・三一
半田支局	緒川 〃	三九・一・三一
	横須賀 〃	四三・一・三〇
	常滑 〃	四〇・一・三一
	南知多出張所	三八・一・三一
一宮支局	葉栗 〃	三九・二・二八
	犬山 〃	三八・一・二八
	江南 〃	四〇・二・二八
	祖父江 〃	三八・一・三一
	稲沢出張所	三八・一・三一
	新川 〃	三七・二・二八
	弥富 〃	三七・一・二八
	津島 〃	三六・二・二八
	蟹江 〃	三七・二・二八
	甚目寺 〃	四二・一・三〇
	小牧 〃	四〇・二・三一
	春日井出張所	四〇・二・三一

資料編

水口支局・彦根支局・長浜支局

支局	出張所	年月日
水口支局	草津出張所	四〇・二・二八
	守山 〃	四一・二・二八
	中主 〃	四一・二・二八
	今津 〃	四一・二・三一
	高島 〃	四三・二・二八
	朽木 〃	三八・二・二八
彦根支局	甲南出張所	三九・二・二八
	土山 〃	三九・二・二九
	石部 〃	四〇・二・二八
	信楽 〃	四三・二・三一
	愛知川出張所	三九・二・二九
	能登川 〃	四〇・二・二八
	八日市 〃	四五・一・三一
	永源寺 〃	四三・一・三一
長浜支局	八幡 〃	四二・二・二八
	日野 〃	四五・二・三一
	蒲生 〃	四二・二・三一
	伊吹出張所	四五・二・三一

和歌山地方法務局・妙寺支局

支局	出張所	年月日
	米原出張所	四三・二・三一
	速水 〃	四五・一・三一
	浅井 〃	四三・一・三一
	木之本 〃	四二・二・二八
和歌山地方法務局	海南出張所	三七・三・二〇
	下津 〃	三七・三・二〇
	有田 〃	四四・二・三〇
	湯浅 〃	四三・一・三〇
	金屋 〃	四三・一・二八
	清水 〃	四二・二・二八
	岩出 〃	四六・一・三一
	桃山 〃	三七・三・二〇
	野上 〃	四一・二・二八
	美里 〃	四一・三・二八
妙寺支局	九度山出張所	三八・二・二八
	橋本 〃	四〇・二・三一
	高野 〃	四五・二・三一
	麻生津 〃	三八・二・二八

登記簿，台帳一元化完了期日一覧表

洲本支局	香住出張所	三八・一・三一
	日高	三八・一・三一
	出石	三八・一・三一
	八鹿	三八・一・三一
	大屋	三八・一・三一
	和田山	三九・一・三一
	村岡	三八・一・三一
	湯村	四三・一・三一
	一宮出張所	四三・一〇・三一
	淡路	四三・一〇・三一
	三原	四四・一・三一
奈良地方法務局	柳生出張所	三八・一・三一
	郡山	四二・一・三一
	竜田	三九・一・三一
	富雄	三八・一・三一
	都祁	四五・一二・三一
	天理	四五・一・三一
	桜井	四三・一・三一

葛城支局	田原本出張所	四二・一・三一
	橿原出張所	四一・二・二八
	御所	四〇・一・三一
宇陀支局	榛原出張所	四四・二・二八
	曽爾	三九・一・三一
	小川	四三・一・三一
五条支局	黒滝出張所	四二・二・二八
	下市	四四・二・二八
	吉野	四五・一・三一
	十津川	四一・二・二八
	天川	三九・一・三一
	大塔	四〇・一・三一
	下北山	四三・一・三一
	川上	四二・二・二八
大津地方法務局	堅田出張所	三八・二・二八
	瀬田	三八・二・二八

神戸地方法務局	綾部 〃	三八・一・三一
	大江 〃	三八・一・三一
	下夜久野 〃	三八・一・三一
	細見出張所	三八・一・三一
伊丹支局	兵庫出張所	三六・一・三一
	西宮 〃	三六・一・三一
	御影 〃	三六・一・三一
	芦屋 〃	三六・一・三一
尼崎支局	猪名川出張所	三七・一・三一
	三田 〃	三六・一・三一
明石支局	三木出張所	三七・一・三一
	吉川 〃	三七・一・三一
篠山支局		三八・一二・一
柏原支局		四四・一二・三一
姫路支局		四五・一〇・三一
		三九・一〇・三一
	家島出張所	四一・一〇・一〇

	網干出張所	三九・一〇・三一
	夢前 〃	四〇・七・三〇
	阿弥陀 〃	四〇・一一・一
	加古川 〃	四〇・一一・一
	福崎 〃	四一・一一・一
	神崎 〃	四一・一・三一
社支局	小野出張所	四五・一〇・三一
	北条 〃	四五・一・三一
	西脇 〃	四〇・一・三一
竜野支局	新宮出張所	四二・一一・一
	相生 〃	四二・一・三一
	赤穂 〃	四二・一・三一
	上郡 〃	四二・一・三一
	佐用 〃	四二・一〇・一
	三河 〃	四一・一〇・一
	山崎 〃	四一・一二・一
	安積 〃	三七・一・三一
豊岡支局	城崎出張所	三七・一・三一

登記簿，台帳一元化完了期日一覧表

京都地方法務局・岸和田支局・堺支局

京都地方法務局	下京出張所	三七・二・二八
	上賀茂 〃	三七・二・二八
	嵯峨 〃	三七・二・二八
	向日 〃	三七・二・二八
岸和田支局	泉 〃	四〇・二・二八
	尾崎 〃	四二・二・二八
	佐野 〃	四〇・二・二八
堺支局	枚方出張所	四二・二・二八
	守口 〃	三八・二・二八
	四条畷 〃	三八・二・二八
	八尾 〃	三七・二・二八
	枚岡 〃	三八・二・二八
	布施 〃	四〇・二・二八
	美原出張所	三九・二・二九
	古市 〃	三九・二・二九
	富田林 〃	三八・二・二八
	長野 〃	四一・二・二八

園部支局・宮津支局・峰山支局・舞鶴支局・福知山支局

京都地方法務局	淀出張所	三七・二・二八
	伏見 〃	三七・二・二八
	城陽 〃	四〇・二・二八
	田辺 〃	三七・二・二八
	木津 〃	四五・三・三一
園部支局	瑞穂出張所	四一・一〇・一〇
	亀岡 〃	三九・二・三一
	周山 〃	四〇・二・三一
	宮島 〃	四一・二・三一
宮津支局	岩滝出張所	四五・三・三一
	加悦 〃	四一・二・三一
	養老出張所	四〇・二・三一
峰山支局	網野出張所	四一・二・三一
	間人 〃	四三・二・三一
	久美浜 〃	四二・二・三一
舞鶴支局	東舞鶴出張所	三八・一・三一

支局	名称	年月日
	見附出張所	四四・一二・三一
	小千谷 〃	四二・一二・三一
	小出 〃	四〇・一二・三一
	十日町 〃	四三・一二・三一
	津南 〃	四四・一二・三一
柏崎支局	千谷沢出張所	四二・一二・三一
	高柳 〃	四二・一二・三一
	出雲崎 〃	四二・一二・三一
六日町支局	湯沢出張所	三七・一二・三一
	浦佐 〃	三九・一二・五
高田支局	新井出張所	四四・一二・三一
	直江津 〃	四二・一二・三一
	潟町 〃	四二・一二・三一
	柿崎 〃	四五・一二・三一
	関山 〃	四四・一二・三一
	高士 〃	四四・一二・三一
	安塚 〃	四五・一二・三一
	松代 〃	四五・一二・三一

支局	名称	年月日
糸魚川支局	松之山出張所	四五・一二・三一
	能生出張所	三九・一二・三一
相川支局	両津出張所	四二・一・三一
	真野 〃	四三・一二・三一
	小木 〃	四三・一二・三一
大阪法務局	北出張所	三七・一二・二八
	江戸堀 〃	三七・一二・二八
	今宮 〃	三七・一二・二八
	天王寺 〃	三七・一二・二八
	中野 〃	三七・一二・二八
	吹田 〃	四二・九・三〇
	茨木 〃	四三・一二・二八
	高槻 〃	四三・一二・二八
	池田 〃	四〇・一二・二八
	豊中 〃	三八・一二・二八
	地黄 〃	四〇・一二・二八
	森上 〃	四〇・一二・二八

登記簿，台帳一元化完了期日一覧表

大町支局	池田出張所	四二・九・三〇
大町支局	白馬〃	四四・九・三〇
大町支局	南小谷〃	四四・九・三〇
諏訪支局	岡谷出張所	三九・一二・三一
諏訪支局	茅野〃	三九・一二・三一
諏訪支局	富士見〃	三七・一二・三一
飯田支局	豊丘出張所	四二・九・三〇
飯田支局	天竜〃	四五・九・三〇
伊那支局	箕輪出張所	四四・九・三〇
伊那支局	高遠〃	四五・九・三〇
伊那支局	辰野〃	四四・九・三〇
伊那支局	飯島〃	四一・九・三〇
伊那支局	駒ヶ根〃	四三・九・三〇
新潟地方法務局	内野出張所	三六・一一・三〇
新潟地方法務局	巻	三六・一〇・三一

三条支局	加茂出張所	三八・九・三〇
三条支局	吉田〃	三八・九・三〇
三条支局	地蔵堂〃	三九・一二・三一
三条支局	燕	四一・一二・三一
新発田支局	水原出張所	四〇・一二・三一
新発田支局	葛塚〃	三七・一二・三一
新発田支局	中条〃	三九・一二・三一
村上支局	荒川郷出張所	四〇・一二・三一
村上支局	八幡〃	四〇・一二・三一
長岡支局	与板出張所	四五・一二・三一
長岡支局	寺泊〃	三九・七・三一
長岡支局	栃尾	四三・一〇・三一
新潟地方法務局	津川〃	四一・一二・三一
新潟地方法務局	亀田〃	三六・一〇・三一
新潟地方法務局	村松〃	四一・九・三〇
新潟地方法務局	新津〃	三八・九・三〇
新潟地方法務局	白根出張所	三六・一〇・三一

資料編

都留支局	吉田出張所	三七・一・三一
	大月 ″	三八・一・三一
	上野原 ″	四一・二・二八
長野地方法務局	豊野出張所	三七・二・三一
	牟礼 ″	三七・二・三一
	信濃 ″	三七・二・三一
	中条 ″	四〇・二・三一
	新町 ″	四〇・二・三一
	稲荷山 ″	三八・二・三一
	屋代 ″	三八・二・三一
	川中島 ″	三八・二・三一
	松代 ″	三八・二・三一
	須坂 ″	四〇・二・三一
飯山支局	岡山出張所 ″	三八・二・三一
	中野 ″	四〇・二・三一
上田支局	丸子出張所	四一・九・三〇

佐久支局	長久保出張所	四一・九・三〇
	田中 ″	四〇・九・三〇
	浦里 ″	三九・九・三〇
	中塩田 ″	四〇・九・三〇
	坂城 ″	三九・九・三〇
	小諸出張所	四三・九・三〇
	軽井沢 ″	四一・九・三〇
	望月 ″	四三・九・三〇
	中込 ″	四一・九・三〇
	臼田 ″	四五・九・三〇
	小海 ″	四四・九・三〇
松本支局	本城出張所	四五・九・三〇
	明科 ″	四四・九・三〇
	和田 ″	四二・九・三〇
	塩尻 ″	四三・九・三〇
	豊科 ″	四五・九・三〇
	梓川 ″	四四・九・三〇
木曽支局	読書出張所	四五・九・三〇

登記簿，台帳一元化完了期日一覧表

浜松支局

天竜出張所	四二・一・三一
雄踏 〃	四一・一二・二八
新居 〃	四三・一二・三一
浜北 〃	三九・一二・二九
細江 〃	四〇・一二・三一
三ケ日 〃	四一・一・三一
磐田 〃	四三・一・三一
福田 〃	四四・一〇・三一
佐久間 〃	四四・九・三〇
水窪 〃	四四・九・三〇

掛川支局

袋井出張所	四四・九・三〇
大須賀 〃	四〇・一二・二八
大浜 〃	四一・二・二八
小笠 〃	三八・二・二八
浜岡 〃	四五・九・三〇
森町 〃	四三・二・二八
春野 〃	三七・二・二八
榛原 〃	三八・一一・三〇
吉田 〃	三九・二・二九
菊川 〃	四五・九・三〇
相良 〃	四三・一二・三一
金谷出張所	四一・二・二八

甲府地方法務局

山梨出張所	三六・一・三一
塩山 〃	三九・一二・三一
勝沼 〃	四二・一二・三一
石和 〃	三六・一二・三一
竜王 〃	三九・一二・三一
櫛形 〃	四二・二・二八
韮崎 〃	四三・一・二八
須玉 〃	四五・一・三一
白州 〃	四三・一二・三一
長坂 〃	三六・一二・三一

増穂支局

中富出張所	四二・一二・三一
身延 〃	四四・一〇・三一
南部 〃	四四・一〇・三一
六郷 〃	四四・九・三〇
市川大門 〃	四一・二・二八

支局	出張所	
桐生支局	大泉出張所	四四・二・二八
	板倉 〃	四五・一・三〇
	花輪出張所	四二・三・三一
	大間々 〃	四〇・二・二八
高崎支局	群馬出張所	三九・二・二八
	榛名 〃	四〇・二・二九
	倉淵 〃	四一・八・三一
	安中 〃	四二・二・二八
	松井田 〃	四一・二・二八
	藤岡 〃	四二・二・二九
	鬼石 〃	三九・二・二九
	吉井 〃	四二・二・二九
中之条支局	万場 〃	四三・三・三一
	長野原出張所	四四・一・三一
	嬬恋 〃	四五・九・三〇
富岡支局	下仁田出張所	四〇・二・三一

本局・支局	出張所	
静岡地方法務局	玉川出張所	三七・二・二八
	清水 〃	三九・二・二八
	蒲原 〃	四一・二・二九
	藤枝 〃	四三・二・二八
	島田 〃	三九・一・三一
	焼津 〃	四三・二・二九
	徳山 〃	三七・二・三一
沼津支局	御殿場出張所	三八・二・二八
	裾野 〃	四五・三・三一
	三島 〃	四三・一〇・三一
	伊東 〃	四二・一・三一
	熱海 〃	四二・一・三一
	大仁 〃	四三・一・三〇
	戸田 〃	四五・四・三〇
	土肥 〃	四五・二・三〇
吉原支局	富士宮出張所	四〇・二・二八
下田支局	松崎出張所	四五・九・三〇

登記簿，台帳一元化完了期日一覧表

真岡支局	船生出張所	三九・一二・三一
	喜連川 〃	四一・一二・三一
	高根沢 〃	四一・一・三一
	益子出張所	三八・一二・三一
	茂木 〃	三九・一二・三一
	芳賀 〃	四四・一二・三一
大田原支局	黒羽出張所	三七・一二・三一
	那須 〃	三九・一二・三一
	黒磯 〃	四五・一二・二八
	矢板 〃	四二・一二・三一
	塩原 〃	四三・一二・三一
烏山支局	馬頭出張所	四三・一二・三一
栃木支局	岩舟出張所	四〇・一二・三一
	藤岡 〃	四五・一二・三一
	間々田 〃	四二・一二・三一
	小山 〃	四三・一二・三一
	壬生 〃	四二・一〇・三一

足利支局	西方出張所	三七・一二・三一
	粟野 〃	三七・一二・三一
	佐野出張所	四一・一二・三一
	田沼 〃	四五・一二・三一
	葛生 〃	四三・一二・三一
	足尾 〃	四四・一二・三一
前橋地方法務局	渋川出張所	三八・一二・二八
	大胡 〃	四〇・一二・二八
	伊勢崎 〃	四一・一二・二八
	玉村 〃	四〇・一二・三一
	境 〃	四五・一二・三一
沼田支局	東出張所	四〇・一二・三一
	月夜野 〃	四五・一一・三〇
	水上 〃	四四・九・三〇
太田支局	新田出張所	四三・三・三一
	館林 〃	四六・一・三一

太田支局・土浦支局・竜ケ崎支局・麻生支局

支局	出張所	年月日
太田支局	久慈出張所	三六・七・三一
	高萩〃	三六・九・三〇
	磯原〃	三七・五・三一
土浦支局	大子出張所	四一・一二・三一
	里美〃	三七・五・三一
	大宮〃	三六・一一・三〇
	緒川〃	三九・一一・三〇
	阿見出張所	三六・一二・三〇
	石岡〃	三七・一二・三一
	柿岡〃	三七・一二・三一
	出島〃	三九・一一・三〇
	牛久〃	三九・九・三〇
	谷田部〃	三七・一二・三一
竜ケ崎支局	筑波〃	四一・一二・三一
	江戸崎出張所	三七・一〇・三一
	阿波〃	三九・一〇・三一
麻生支局	取手〃	三八・一〇・三一

下妻支局・宇都宮地方法務局

下妻支局	玉造出張所	四三・一二・三一
	潮来〃	四二・三・三一
	鹿島〃	三九・七・三一
	波崎〃	四一・六・三〇
	下館出張所	四〇・一〇・三一
	真壁〃	四五・三・三一
	結城〃	四五・一二・三一
	水海道〃	四三・一二・三一
	石下〃	四五・一二・二八
	境〃	四五・一二・三一
	岩井〃	四三・一二・三一
	古河〃	四二・一二・三一
宇都宮地方法務局	上三川出張所	三六・一二・三一
	河内〃	四一・一二・三一
	今市〃	三八・一〇・三一
	鹿沼〃	三六・一二・三一
	東大芦〃	三六・一二・三一
	氏家〃	三九・一二・三一

登記簿，台帳一元化完了期日一覧表

松戸支局	大多喜出張所	四五・一二・三一
	勝浦 〃	四四・一二・三一
	御宿 〃	四五・一二・三一
	夷隅 〃	四五・一二・三一
	市川出張所	三七・一・三一
	船橋 〃	四一・三・三一
	柏 〃	四一・三・三一
	流山 〃	四二・三・三一
	野田 〃	四二・一二・三一
	我孫子 〃	四二・一二・三一
	関宿 〃	四三・一〇・三〇
木更津支局	天羽出張所	三九・一二・三一
	平川 〃	四一・一二・三一
	清和 〃	四五・一二・三一
	上総 〃	四二・三・三一
館山支局	勝山出張所	三七・一・三一
	千倉 〃	四一・三・三一
	鴨川 〃	四四・一二・三一

支局・本局	出張所	期日
八日市場支局	旭出張所	四二・三・三一
	飯岡 〃	四二・七・三一
	銚子 〃	四二・一二・三一
	多古 〃	四四・九・三〇
	松尾 〃	四三・三・三一
	成東 〃	四三・一二・三一
佐原支局	小見川出張所	四四・一二・三一
	東庄 〃	四五・一二・三一
水戸地方法務局	石塚出張所	三五・一二・三一
	那珂湊 〃	三六・二・二八
	堅倉 〃	三五・一二・三一
	小川 〃	三五・一二・三一
	鉾田 〃	三六・二・二八
	菅谷 〃	三五・一二・三一
	笠間 〃	三五・一二・三一
	岩瀬 〃	三六・五・三一
日立支局		

資料編

越谷支局	岩槻出張所	三六・八・一四
	春日部〃	三七・一〇・三一
	草加〃	四四・二・二八
	吉川〃	四〇・二・二〇
川越支局	所沢出張所	三九・二・一五
	狭山〃	三九・九・三〇
	坂戸〃	四一・二・二八
	越生〃	四一・二・二八
	飯能〃	三五・一・二六
熊谷支局	妻沼出張所	三五・一・三〇
	行田〃	三五・一・三〇
	羽生〃	三五・一・三〇
	深谷〃	三五・一・三〇
	寄居〃	三五・一・三〇
	本庄〃	三五・一・二八
	児玉〃	四二・二・二八
東松山支局	小川出張所	四二・二・二八

秩父支局	小鹿野出張所	四二・一・三〇
	野上〃	四四・一・三一
	吉田〃	四四・一・三一
千葉地方法務局	大和田出張所	三七・九・三〇
	市原〃	四二・三・三一
	南総〃	四三・九・三〇
	大網〃	四六・三・三一
	東金〃	四六・一・三一
	片貝〃	四五・二・三一
佐倉支局	印西出張所	三八・二・三一
	成田〃	四一・二・三一
	八街〃	三六・一・三〇
一宮支局	白子出張所	三九・二・三〇
	茂原〃	三九・二・三一
	長南〃	四三・二・三一
	長者〃	四四・二・三一

登記簿，台帳一元化完了期日一覧表

法務局・支局	出張所	完了期日
横浜地方法務局	磯子出張所	三七・三・三一
	川和 〃	三七・三・三一
	戸塚 〃	三七・三・三一
	鎌倉 〃	三八・三・三一
	藤沢 〃	三八・三・三一
	寒川 〃	三八・三・三一
	海老名 〃	四一・三・三一
	上溝 〃	四〇・三・三一
	中野 〃	四〇・三・三一
	相模湖 〃	四〇・一〇・一五
川崎支局	溝口出張所	三九・三・三一
横須賀支局	浦賀出張所	三九・三・三一
	三崎 〃	三九・三・三一
	五日市出張所	四二・一一・三〇
	福生 〃	四五・二・二八
	氷川 〃	四三・九・三〇

法務局・支局	出張所	完了期日
小田原支局	長井出張所	三九・三・三一
	宮ノ下出張所	四〇・三・三一
	吉浜 〃	四〇・三・三一
	松田 〃	四〇・一〇・三〇
	山北 〃	四三・三・三一
	平塚 〃	四一・一〇・二〇
	秦野 〃	四一・一・三〇
	伊勢原 〃	四三・三・三一
	厚木 〃	四三・一・三一
浦和地方法務局	川口出張所	三五・一〇・三一
	大宮 〃	三六・一・一四
	足立 〃	三六・八・一四
	鴻巣 〃	三七・一〇・三一
	上尾 〃	三七・一〇・三一
	菖蒲 〃	三七・一〇・三一
	幸手 〃	四四・二・二八
	久喜 〃	三九・七・三一
	加須 〃	四三・二・二九

資料編

登記簿、台帳一元化完了期日一覧表

本・支局名	出張所名	一元化完了年月日
東京法務局	文京出張所	昭和三七・三・三一
	台東	三七・三・三一
	芝	三七・三・三一
	墨田	三九・三・三一
	品川	三六・三・三一
	大森	四〇・三・三一
	蒲田	四〇・三・三一
	世田谷	四〇・一・三一
	渋谷	三九・一・三一
	新宿	四〇・九・三〇
	中野	三六・三・三一
	杉並	三六・三・三一
	板橋	三八・二・二八
	北	三八・二・二八
	練馬	三九・一・三一

本・支局名	出張所名	一元化完了年月日
八王子支局	足立出張所	昭和四二・二・二八
	江戸川	三八・二・二八
	葛飾	四〇・一・三一
	大島	四〇・二・一五
	波浮	四〇・二・一五
	新島	五一・二・三一
	三宅島	五一・二・三一
	八丈島	五二・二・三一
	町田出張所	四〇・一・三一
	府中	四二・一・三一
	調布	三九・一・三一
	武蔵野	四〇・一・三一
	田無	四四・一・二八
	立川	四二・二・二八
	青梅	四二・二・二八

索　　引

- ・判例年月日索引
- ・先例年月日索引

❖判例年月日索引❖

年 月 日	裁判所（出典）	頁
明治37．7．8	大審院判決（民録10輯1066）……………………………………	18
大正3．12．3	釜山地方法院判決（新聞988号24）……………………………	17
4．12．28	大審院判決（民録12輯2274）…………………………………	17
13．10．7	大審院判決（民集3巻476）……………………………………	173
15．2．22	大審院判決（民集5巻2号99）…………………………………	21
昭和8．3．24	大審院判決（民集12巻490）……………………………………	21
10．10．1	大審院判決（民集14巻18号1671）……………………………	21
30．4．19	最高裁判決（民集9巻5号534・判時51号4）…………………	162
30．6．24	最高裁判決（民集9巻7号919）………………………………	173
31．12．28	最高裁判決（民集10巻12号1639）……………………………	18
37．3．29	最高裁判決（民集16巻3号643）………………………………	21
41．11．14	大阪高裁判決（判タ204号173）………………………………	26
43．2．26	東京地裁判決（判時521号63）…………………………………	30
45．3．25	東京高裁判決（判時591号67）…………………………………	30
50．2．13	最高裁判決（民集29巻2号83）………………………………	30
50．7．9	那覇地裁判決（訟月21巻10号2010）…………………………	19
53．10．20	最高裁判決（民集32巻7号1367・判時906号3）……………	162
55．1．22	那覇地裁判決（訟月26巻3号456）……………………………	19
55．3．28	新潟地裁判決（判時968号38）…………………………………	20
56．2．26	福岡地裁判決（判タ474号187）………………………………	26
57．1．25	岡山地裁判決（判タ498号178）………………………………	24
60．11．18	山口地裁下関支部判決（判自30号65）………………………	18
61．12．16	最高裁判決（民集40巻7号1236）……………………………	17
平成元．10．25	福岡高裁判決（判時1355号67）………………………………	27
2．2．19	大阪地裁判決（訟月36巻10号1803）…………………………	26
6．12．19	東京地裁判決（登記先例解説集35巻7号141）………………	27
9．3．11	最高裁判決（判時1599号48・判タ937号92）………………	31
17．12．16	最高裁判決（民集59巻10号2931）……………………………	19

判例年月日索引

※凡　例
　民　録　大審院民事判決録
　民　集　大審院民事判例集・最高裁判所民事判例集
　新　聞　法律新聞
　判　時　判例時報
　判　タ　判例タイムズ
　訟　月　訟務月報
　判　自　判例地方自治

判例年月日索引　終わり

❖先例年月日索引❖

年 月 日	番 号 （出典）	頁
昭和17. 6. 13	民事甲第446号民事局長通達（先例集上706）…………………………	54
25. 7. 28	民事甲第2081号民事局長通達（先例集下1434）………………………	138
25. 7. 31	民事甲第2111号民事局長通達（先例集下1435）………………………	138
25. 9. 28	民事甲第2643号民事局長通達（先例集下1469）………………………	210
29. 6. 30	民事甲第1321号民事局長通達（先例集下2210）…………………	68, 139
30. 4. 22	民事甲第698号民事局長回答（先例集追Ⅰ334）……………………	177
30. 5. 17	民事甲第930号民事局長通達（先例集追Ⅰ345）……………………	151
30. 7. 4	民事甲第1346号民事局長通達（先例集追Ⅰ381）…………………	177
31. 11. 10	民事甲第2612号民事局長事務代理回答（先例集追Ⅰ763）…………	17
32. 9. 11	民事甲第1717号民事局長回答（先例集追Ⅱ159）…………………	151
32. 11. 28	民事甲第2251号民事局長通達（先例集追Ⅱ183）…………………	54
33. 4. 11	民事三発第203号民事局第三課長事務代理通知（先例集追Ⅱ255）	
	………………………………………………………………………	17
34. 6. 26	民事甲第1287号民事局長通達（先例集追Ⅱ514） ………………	17
35. 4. 1	民事甲第685号民事局長通達（先例集追Ⅲ60）	
	…………………………………… 65, 77, 140, 141, 175, 210	
35. 4. 15	民事甲第928号民事局長回答（先例集追Ⅲ113）…………………	22
36. 3. 2	民事甲第534号民事局長通達（先例集追Ⅲ484）…………………	211
36. 6. 6	民事三発第459号民事局第三課長電報回答（先例集追Ⅲ569）………	18
36. 9. 12	民事甲第2208号民事局長回答（先例集追Ⅲ613）…………………	21
36. 11. 9	民事甲第2801号民事局長回答（先例集追Ⅲ708）…………………	18
36. 11. 16	民事甲第2868号民事局長回答（先例集追Ⅲ720）………………	22, 23
36. 11. 16	民事三発第1023号民事局第三課長回答（先例集追Ⅲ721）………	22, 23
37. 6. 12	民事甲第1487号民事局長回答（先例集追Ⅲ892）…………………	22
37. 8. 2	民事甲第2221号民事局長回答（先例集追Ⅲ941）………………	80, 142
37. 10. 4	民事甲第2820号民事局長通達（先例集追Ⅲ994）…………………	178
38. 1. 21	民事甲第129号民事局長回答（先例集追Ⅲ1130の2）……………	29
38. 9. 28	民事甲第2658号民事局長通達（先例集追Ⅲ1130の329）…………	7

先例年月日索引

昭和39. 2 . 21	民事甲第384号民事局長通達（先例集追Ⅳ12）‥‥‥‥‥‥‥‥‥	174, 178
39. 3 . 6	民事甲第557号民事局長回答（先例集追Ⅳ85）‥‥‥‥‥‥‥‥‥‥	7
39. 5 . 27	民事三発第444号民事局第三課長電報回答（先例集追Ⅳ139）‥‥‥	28
42. 4 . 28	民事甲第1049号民事局長通達（先例集追Ⅳ1042）‥‥‥‥‥‥‥‥	206
42. 9 . 22	民事甲第2654号民事局長電報回答（先例集追Ⅳ1133）‥‥‥‥‥‥	22
43. 2 . 23	民事三発第140号民事局第三課長回答（先例集追Ⅳ1308）‥‥‥‥	22
43. 4 . 6	民事甲第1224号民事局長回答（先例集追Ⅳ1340）‥‥‥‥‥‥‥‥	97
43. 10. 22	民事甲第3190号民事局長通達（先例集追Ⅴ45）‥‥‥‥‥‥‥‥‥	206
44. 4 . 21	民事甲第868号民事局長通達（先例集追Ⅴ92）‥‥‥‥‥‥‥‥‥	179
45. 11. 26	民事甲第4666号民事局長通達（先例集追Ⅴ271）‥‥‥‥‥‥‥‥	72
49. 4 . 8	民三第1760号民事局長通達（先例集追Ⅴ931）‥‥‥‥‥‥‥‥	207, 209
平成13. 2 . 16	民二第445号民事局長通達（先例集追Ⅸ465）‥‥‥‥‥‥‥‥‥	189, 211

先例年月日索引　終わり

著 者 略 歴

新井　克美
（あらい　かつみ）

生年月日　昭和21年生れ（茨城県）

学　　歴　中央大学卒業

経　　歴　法務省（法務大臣官房秘書課・民事局・訟務局）・和歌
　　　　　山地方法務局長・横浜地方法務局長（平成17年退職）・
　　　　　都城公証人（平成25年退職）
　　　　　一般社団法人テミス総合支援センター理事・都城市代表
　　　　　監査委員

著　　書　判決による不動産登記の理論の実務
　　　　　全訂不動産表示登記入門
　　　　　公図と境界
　　　　　　　　　　　　　　　　　　　　　ほか

Ｑ＆Ａ不動産表示登記　1

平成30年11月 9 日　初版第 1 刷印刷	定　価：本体 3,000円（税別）
平成30年11月15日　初版第 1 刷発行	送　料：実費

不複許製	著　者	新　井　克　美
	発行者	坂　巻　徹

発行所　〒113-003 東京都文京区　株式　テイハン
　　　　　　　　　 本郷 5 丁目11-3　会社

電話 03（3811）5312（代表）　FAX 03（3811）5545
ホームページアドレス http://www.teihan.co.jp

〈検印省略〉　印刷／㈱工友会印刷所　ISBN978-4-86096-104-6

※ 本書の出版権は，当社が2010年 9 月 7 日に元民事法情報センターから譲渡を
受けております。